# THE NEW ECO HOUSE
## STRUCTURE & IDEAS

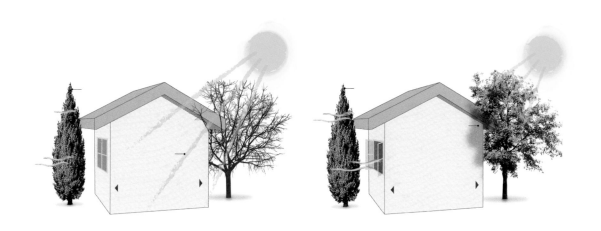

# THE NEW ECO HOUSE

## STRUCTURE & IDEAS

monsa

**THE NEW ECO HOUSE - STRUCTURE & IDEAS**
Copyright © 2016 Instituto Monsa de ediciones

Editor, concept, and project director
Josep María Minguet

Project's selection, design and layout
Patricia Martínez (equipo editorial Monsa)

INSTITUTO MONSA DE EDICIONES
Gravina 43 (08930)
Sant Adrià de Besòs
Barcelona (Spain)
Tlf. +34 93 381 00 50
www.monsa.com
monsa@monsa.com

Visit our official online store!
www.monsashop.com

Follow us on facebook!
facebook.com/monsashop

Cover images by Joao Morgado and Officina29 Architetti

ISBN: 978-84-16500-33-8
D.L. B 19080-2016
Printed by Indice

# INTRODUCTION

Housing is our third skin. It is a space that protects us from the elements, but that is also a place of comfort and security. It is where we adore and educate our loved ones. Perhaps that is why the home, apart from being a right, is an absolute necessity — as important as food.

Decades ago we became aware of the importance of housing in human evolution. Other attributes such as comfort or health were to its function as a shelter. Architecture over the past 50 years —precisely the architecture that has witnessed the abandonment of the countryside and the growth of the city— has put productivity before quality and health. This has resulted in a growing number of environmental poisons in the form of volatile substances, carcinogenic materials, confined spaces and energy waste.

This book explains this new direction in architecture, so that in a few decades what may now seem extraordinary will be commonplace. It is a method to build or renovate close to what may eventually be known as bioconstruction — a building system with recycled or recyclable low-environmental impact materials, or materials that can be extracted by simple processes at a low cost. Efficiency is the yardstick for this new architectural direction. Let's take a room-by-room look at the house, from the living room to the bathroom including the garden trying to preserve materials so that they have a longer life. We will give priority to environmental and technological measures in the design phase of a home to save water and energy.

La vivienda es nuestra tercera piel. Un espacio que nos permite protegernos de la intemperie, pero también un habitáculo donde encontramos cobijo y descanso, un lugar donde amar y educar a los nuestros. Quizás por ello la vivienda, aparte de ser un derecho, es una necesidad imprescindible, tan importante como lo puede ser la alimentación.

Hace unas décadas se tomó consciencia de la relevancia de la vivienda en la evolución del ser humano. A su funcionalidad como refugio, se le sumaron otros atributos como la confortabilidad o la salubridad. La arquitectura de los últimos cincuenta años, precisamente la que ha sido testigo del abandono del campo y del crecimiento de las ciudades, ha antepuesto la productividad a la calidad y la salud, lo que ha resultado en una creciente cantidad de venenos ambientales en forma de sustancias volátiles, materiales cancerígenos, espacios sin ventilación y derroche de energía.

Este libro aboga por una nueva vía de construir o renovar cercana a lo que en su momento se conoció por *bioconstrucción*, un sistema de edificación con materiales de bajo impacto ambiental, reciclados o reciclables, o extraíbles mediante procesos sencillos y de bajo costo. La eficiencia es el estandarte de este nuevo rumbo de la arquitectura. Realizaremos un recorrido habitación por habitación, desde la sala de estar hasta el baño, sin olvidar el jardín, y trataremos el mantenimiento de los materiales para que tengan una vida duradera. Vamos a dar prioridad a las medidas ambientales y tecnológicas en la fase de diseño de un hogar para ahorrar agua y energía.

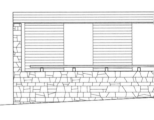

## Examples of sustainable houses
## Ejemplos de casas ecosostenibles

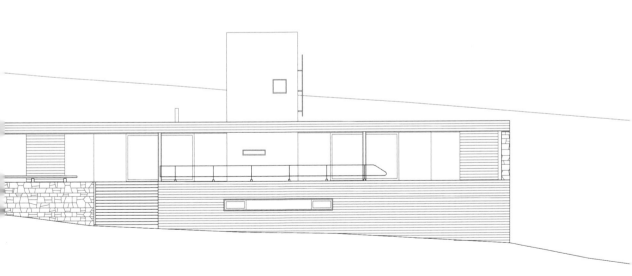

## How do I convert my house into an ecological home

Better late than never. Most actions outlined in this chapter are permanent solutions that will help us save energy, water and resources and reduce waste, and that can be implemented even in homes that were built many years ago. These measures are mainly related to surfaces, materials and furniture inside the house. Let's take a room-by-room look at the house, from the living room to the bathroom including the garden trying to preserve materials so that they have a longer life. The longer our materials and articles last, the better for the environment.

## Cómo convertir nuestra casa en un hogar ecológico

Más vale tarde que nunca. La mayoría de las acciones señaladas en este capítulo son soluciones de carácter finalista que nos ayudarán a ahorrar energía, agua y recursos, así como a reducir residuos, y que pueden ser implantadas incluso en hogares que fueron construidos hace ya muchos años. Son medidas relacionadas principalmente con superficies, materiales y mobiliario del interior de la vivienda. Realizaremos un recorrido habitación por habitación, desde la sala de estar hasta el baño, sin olvidar el jardín, y trataremos el mantenimiento de los materiales para que tengan una vida duradera. Cuanto más duren los materiales y objetos de los que disponemos, mejor para el medio ambiente.

## Living room and Dining room

## Sala de Estar y Comedor

The dining room and living room are daytime spaces that require good light and ventilation. If we chose wood for the furniture and floors, it should be locally-sourced. Materials such as mahogany, redwood, teak, rosewood and ebony should not be used as they grow far from where they are consumed and their sustainable management is not always guaranteed.

El comedor y el salón son espacios de día que requieren una buena luminosidad y ventilación. En cuanto al mobiliario y los suelos, si nos decidimos por la madera debería ser lo más local posible. Por tanto, materiales como la caoba, la secuoya, la teca, el palo de rosa y el ébano se deben evitar, ya que crecen lejos del lugar donde se consumen y su explotación sostenible no siempre está asegurada.

The use of glass expanses guarantees the entry of light and passive solar gain depending on the orientation of the living room, as well as energy savings from a reduction in winter heating and artificial lighting consumed.

El uso de fachadas acristaladas asegura la entrada de luz y la ganancia solar pasiva en función de la orientación de la sala de estar, así como un ahorro energético derivado de una reducción de la calefacción en invierno y de la iluminación artificial.

One of the façades of this environmental education center located in Bainbridge Island, Washington, United States features a projected roof to reduce the amount of sunlight that enters. In contrast, the adjustable windows in two of the façades create cross ventilation during hot days.

Este centro de educación ambiental situado en Bainbridge Island (Washington, Estados Unidos) presenta una cubierta en voladizo en una de sus fachadas para reducir la entrada de radiación solar. Como contrapartida, el uso de ventanas graduables en dos de sus fachadas asegura la generación de ventilación cruzada durante los días calurosos.

The kitchen and dining room often open onto the living room. In this case, apart from benefiting from the natural lighting from the glass expanse, it also takes advantage of the high thermal inertia of the flooring (concrete), which accumulates heat evening

En muchas ocasiones la cocina y el comedor están abiertos a la sala de estar. En este caso, aparte de beneficiarse de la iluminación natural gracias a la fachada acristalada, también se aprovecha la elevada inercia térmica del pavimento (hormigón), que acumula calor durante el día para desprenderlo durante el atardecer y la noche.

The kitchen and dining area share the same space on the first floor of this prefabricated home in Belgium, inspired by greenhouses. The façades are made of highly insulated glass panes and translucent polycarbonate panels, which are also insulated according to the front façade.

The dining table is composed of a slab of Belgian blue stone, a jarrah frame—an Australian variety of eucalyptus—and French oak legs. The wood from the frame has been recycled from the floorboards of an old ship and the legs had been previously used in the construction of a former brewery.

The floor is pigmented concrete, of which the thermal inertia can be used. Below the concrete flooring there is a 3.9-inch layer for the installation of the heating/cooling ducts of a horizontal geothermal heat collector.

La cocina y comedor comparten el mismo espacio en la planta primera de esta vivienda en Bélgica, de construcción prefabricada e inspirada en los invernaderos. Las fachadas están formadas por paneles de vidrio de gran aislamiento y placas de policarbonato translúcido también aislantes en función del tramo de fachada.

La mesa del comedor está compuesta por una losa de piedra azul belga (Belgian blue stone), un marco de madera de jarrah –una variedad australiana de eucaliptos– y unas patas de roble francés. La madera del marco ha sido reutilizada de la tarima de un antiguo buque y la de las patas había sido empleada anteriormente en la construcción de una antigua cervecería.

El suelo es de hormigón pigmentado, del que se puede aprovechar la inercia térmica. Debajo del solado de hormigón se ha dejado una capa de 10 cm para la instalación de los conductos calor/frío de un colector horizontal de energía geotérmica.

A gap can be left below this type of floorboard that allows for the installation of electricity, air, water (underfloor heating/cooling) and voice/data. For good maintenance, humidity should be consistent across the boards. Otherwise, the flooring may suffer deformations. If synthetic varnish is used, it should not contain aluminum oxide, as it leaves very visible white marks when scratched.

La colocación de tarimas permite dejar un espacio libre debajo para la instalación de electricidad, aire, agua (suelo radiante calor/frío) y voz/datos. Para un buen mantenimiento, la humedad debe ser homogénea en toda la tabla. Si no es así, el pavimento puede sufrir deformaciones. En caso de emplear barnices no naturales, no es aconsejable que contengan óxido de aluminio, ya que dejan unas marcas blancas muy visibles cuando se rayan.

The use of bamboo laminate flooring in this house in Novato, California, United States is an alternative to traditional wood flooring. When buying bamboo, ensure that it is at least six years old. If it is cut too young, it is not as hard.

El uso de suelos laminados de bambú, como en esta vivienda de Novato (California, Estados Unidos), es una alternativa a los clásicos pavimentos de madera. Si compramos bambú, nos deberíamos asegurar de que tiene más de seis años. Si se corta demasiado joven, tendrá menor dureza.

The flooring and the wooden table in this property are treated with natural oils and waxes manufactured by the company Auro. They do not emit volatile organic compounds (VOCs) and ensure the long-term maintenance of the properties of the wood.

El pavimento y la mesa de madera de esta vivienda están tratados con aceites y ceras naturales de la empresa Auro que no emiten compuestos orgánicos volátiles (COV) y aseguran un mantenimiento prolongado de las propiedades de la madera.

If you lay rugs in any part of the house, ensure that they do not contain brominated flame retardants. These bromine compounds that retard the ignition of the product can be found in the plastic used in television sets and other electronic applications. Rugs that release volatile organic compounds (VOCs) should not be used.

Si decidimos poner una alfombra en alguna zona de la casa, nos deberíamos asegurar de que no tenga retardantes de llama brominados. Estos compuestos de bromo que retardan la ignición del producto están muy presentes en plásticos para equipos de televisión y otras aplicaciones electrónicas. También debería evitarse que la alfombra emita compuestos orgánicos volátiles.

The Karelia single-plank flooring, sold by Gabarró, with Rock Salt oak in this case, is PEFC-certified under the category 3 group C (certified chain of custody). This type of certification is regulated by wood producers; therefore it is not as restricted as the FSC certification.

Los pavimentos de una sola lama de Karelia, comercializados por Gabarró, con roble Rock Salt en este caso, presentan la certificación PEFC, bajo la categoría 3 grupo C (certificado de la cadena de custodia). Este tipo de certificación está regulada por los productores de madera, por lo que no es tan restrictiva como la certificación FSC.

Gabarró sells this FSC-certified solid natural wood floorboard. Here, jatoba wood has been used, but they are also available in cumaru, ipe, sucupira and teak. The problem with these materials is that they are not locally sourced.
Acrylic plastic varnish is used for the finish, which is not the best environmental option on the market. The UV finish repels most domestic liquids and facilitates its long-term maintenance when subject to direct sunlight.

Gabarró comercializa esta tarima maciza de madera natural con certificado FSC. En este caso se trata de madera de jatoba, aunque también comercializan cumarú, ipé, sucupira y teca, todas ellas maderas no locales.
El acabado se hace con barniz acrílico plástico, que no es la mejor opción ambiental existente en el mercado. Su acabado UV repele la mayoría de los líquidos domésticos y facilita su mantenimiento prolongado frente a la acción directa del sol.

Listone Giordano sells hardwood floorboards with natural oil-based Natif varnish finishes. These oils are applied once or twice a year, depending on the level of traffic and areas worn from use. Wood floors adopt a look of old leather and an effect of the oil finish, and are certified by the FSC and PEFC as appropriate. The wood comes from species like oak from Fontaines, cabreuva (South America) and teak (Asia).

Listone Giordano comercializa tarimas de madera noble con acabados de barniz a base de aceites naturales Natif. Estos aceites se aplican una o dos veces al año, en función del tránsito y de las zonas desgastadas por el uso. Los suelos de madera adoptan un aspecto de cuero viejo y un efecto de acabado al óleo, y están certificados por el FSC y el PEFC según el caso. La madera procede de especies como el roble de Fontaines, la cabreuva (de Sudamérica) y la teca (de Asia).

Wood floors support underfloor heating. In this case, the system consists of planks of plywood with underfloor heating (hot/cold).

Los pavimentos de madera permiten la calefacción por suelo radiante. En este caso, el sistema consta de planchas de madera contrachapada con suelo radiante de agua caliente/frío.

The solar house III was designed in Switzerland according to the criteria of the certification of **zero energy** housing. This type of construction is not connected to the grid and has a net energy consumption of zero, i.e. it generates the energy it consumes. In this image of the living room, the prefabricated wood construction can be seen as well as the energy accumulator panels on the façade, formed by a type of paraffin that is heated or cooled according to the outside temperature.

La vivienda solar III en Suiza fue diseñada según el criterio de la certificación de vivienda de **energía cero**. Este tipo de construcción no está conectada a la red y tiene un consumo neto de energía igual a cero, es decir, que genera la energía que consume. En esta imagen de la sala de estar se observa la construcción con madera prefabricada, así como los paneles acumuladores de energía en la fachada, formados por un tipo de parafina que se calienta o se enfría según la temperatura exterior.

The Barcelona-based company Zicla markets these recycled plastic baseboards. The plastic, mainly polystyrene and polypropylene, comes from selective collection containers.

La empresa barcelonesa Zicla comercializa estos zócalos de plástico reciclado por extrusión. El plástico, principalmente poliestireno y polipropileno, procede de los contenedores de recogida selectiva.

Fusteria Ollé manufactures windows made from bamboo on the inside and aluminum or bronze on the outside. The interior and exterior cladding gives these windows the appearance that they are hermetic and high security.

Fusteria Ollé fabrica ventanas de caña de bambú en el interior y aluminio o bronce en el exterior. Su revestimiento interior y exterior hace que estas ventanas estén consideradas herméticas y de alta seguridad.

Deutsche Steinzeug markets the ceramic floor tiles in the image, which are mainly made of clay, kaolin, feldspar or quartz. They are suitable for allergy sufferers. All materials used are locally-sourced and are produced near the quarry where they are extracted. This German company guarantees a clean production process, in which the remains are re-used, waste water is purified and waste hot gases of the process are reused to preheat.

Deutsche Steinzeug comercializa los pavimentos cerámicos de la imagen, en los que principalmente usa barro, caolín, feldespato o cuarzo, adaptables para personas alérgicas. Todos los materiales usados son locales y se fabrican cerca de la cantera donde se extraen. Esta empresa alemana asegura una producción limpia, en la que los restos son reutilizados, las aguas residuales son depuradas y los gases calientes residuales del proceso se reutilizan para precalentar.

# Kitchen

# Cocina

The kitchen is another daytime area where health and sanitation should be taken into account. We should ensure that the furniture does not contain formaldehyde, especially if there are conglomerate boards, particle boards, plywood or MDF (medium density fiberboard) boards in your cupboards, shelves and storage areas. These items contain a binder urea-formaldehyde resin, which binds the fibers with wood veneers. Another important aspect is the use of modular furniture because of the space that it saves and its multifunctional character, which in the long run represents a reduced exploitation of natural resources.

La cocina es otro espacio de día a tener en cuenta, en particular por lo que respecta a la salud. Nos deberíamos asegurar de que el mobiliario no contenga formaldehídos, sobre todo si hay armarios, estanterías y zonas de almacenamiento con tableros de conglomerado, tableros de partículas, contrachapados o tableros de DM (fibra de densidad media), que utilizan como aglomerante resinas de urea-formaldehído para unir las fibras con las chapas de madera. Otro aspecto importante es el uso de mobiliario modular, por el espacio que ahorra y por su carácter multifuncional, que a la larga representa una menor explotación de recursos naturales.

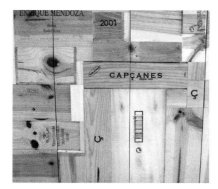

The R3project, conducted by the eco-designer Petz Scholtus and with the help of the industrial engineer Sergio Carratala, consists of the ecological reformation of an old apartment in the Gothic Quarter of Barcelona. In the kitchen, for example, the paneling of the furniture is made of wood from used wine boxes. The worktop is untreated FSC-certified solid wood. A natural oil finish has been applied for the correct maintenance of the worktop.

El R3project, realizado por la ecodiseñadora Petz Scholtus y con la ayuda del ingeniero industrial Sergio Carratala, consiste en la reforma de un piso antiguo del barrio Gótico de Barcelona bajo criterios ecológicos. En la cocina, por ejemplo, el panelado de los muebles está compuesto de madera recuperada de cajas de vino usadas. La encimera es de madera maciza sin tratar y con certificado FSC. Para garantizar un buen mantenimiento le han aplicado un acabado con aceite natural.

If we aim to have a formaldehyde-free kitchen, the best advice is to use furniture and surfaces with natural or reused materials. In this example the kitchen cabinets are handmade using Zebrano (or Microberlinia wood, imported from Central Africa), and with French vine stalk handles.

Si pretendemos tener una cocina libre de formaldehídos, la mejor apuesta es usar mobiliario y superficies con materiales naturales o reutilizados. En este caso, los armarios de la cocina están hechos a mano con cebrano (o madera de Microberlinia, importada de África Central) y con mangos de tallo de parra francesa.

This prefabricated home has a kitchen with FSC-certified wood and formaldehyde-free kitchen furniture. The worktops contain recycled paper and all appliances are class A or higher. The interior floors are covered with laminated bamboo floorboards.

Esta vivienda prefabricada presenta una cocina con madera certificada FSC y mobiliario libre de formaldehídos. Las encimeras contienen papel reciclado y todos los electrodomésticos son de clase A o superior. El pavimento de todos los interiores es tarima laminada de bambú.

Stainless steel worktops are clean and safe, and for hygiene reasons they are the best choice for professional kitchens. In contrast, it has a cold appearance and a lot of energy is required to produce them.

Las encimeras de acero inoxidable son limpias y seguras, y por razones de higiene son la opción preferida para las cocinas profesionales. En contra, cabe apuntar su estética fría y que se requiere mucha energía para producirlas.

The Fujy project in El Escorial, Spain presented the latest technologies in sustainability. The modern lines of this kitchen include a worktop with recycled materials and class A appliances. Electric hobs should be powered by renewable energy.

El proyecto Fujy en El Escorial (España) presentaba las últimas tecnologías en sostenibilidad. Detrás de la apariencia moderna de esta cocina encontramos una encimera hecha con material reciclado y electrodomésticos de clase A. En el caso de la vitrocerámica eléctrica, nos deberíamos asegurar de que esté alimentada con energía renovable.

Grupo Cosentino manufactures the worktop ECO by Cosentino, which can be used for kitchen worktops, bathrooms, walls and floor tiles. It has very low porosity, high durability; it does not require sealing and is resistant to stains, scratches and heat. This product is certified by Cradle to Cradle (C2C) and Greenguard. The Greenguard Certification certifies that the product has no adverse impact on the air quality of the home where the product is used. The C2C seal ensures that when the product comes to the end of its life cycle, it will be reintroduced into the industrial cycle without generating waste material.

El grupo Cosentino comercializa la encimera ECO by Cosentino, que se puede emplear para cocinas, baños, revestimientos y pavimentos. Tiene muy baja porosidad, una alta durabilidad, no requiere sellados y es resistente a las manchas, a los arañazos y al calor. Este producto está certificado por Cradle to Cradle (C2C) y Greenguard. La certificación Greenguard acredita que no afecta negativamente a la calidad del aire de la vivienda donde se encuentra el producto. El sello C2C asegura que, cuando el producto finalice su ciclo de vida, será reintroducido en el ciclo industrial sin generar residuo alguno.

ECO by Cosentino is made of 75 % post-industrial and post-consumer recycled materials and 25 % natural elements. Among the former are glass, mirrors, porcelain and vitrified ash. Among the latter, traces of quartz and a common resin composed of 22 % corn oil.

ECO by Cosentino está formado por un 25% de elementos naturales y un 75% de materiales reciclados posindustriales y posconsumo. Entre los primeros se encuentran restos de canteras de cuarzo y una resina común cuya composición deriva en un 22% del aceite de maíz. Entre los segundos, espejos, porcelana y cenizas vitrificadas.

If you use bamboo as a solid wooden board, make sure that it comes from forests with controlled felling and replanting processes. This table, made by Fusteria Ollé, is manufactured with bamboo Density Mombasa and finished with a deep matt water-based varnish.

Si usamos el bambú como tablero de madera maciza, debemos asegurarnos de que procede de bosques con procesos de tala y replantación controlados. Esta mesa, fabricada por Fusteria Ollé, está elaborada con bambú Density Mombasa y acabada con un barniz al agua mate profundo.

Ceramics cannot be regarded as 100 % ecological, as its production process requires a lot of energy. It is made from clay, feldspar and sea salt at temperatures of 1,300 °C. It is used in walls and floors.

La cerámica no puede ser considerada un material 100% ecológico, ya que su proceso de elaboración exige mucha energía. Se obtiene a partir de arcillas, feldespato y sal marina cocidas a temperaturas de 1.300 °C. Se usa tanto en cocinas como en pavimentos.

When choosing a worktop, choose granite or its artificial imitation, Silestone. Granite is heat resistant, but a lot of waste is produced from the quarries. Silestone has a good aesthetic quality, but it is composed of quartz, resins derived from oil and the antibacterial agent Microban (triclosan), therefore it can be deemed an antibacterial worktop but not entirely eco-friendly. Quartz is a very hard yet porous mineral rock, so you should be careful not to stain it. It is composed of 90 % calcium carbonate and contact with acidic agents should be avoided.

A la hora de escoger una encimera podemos optar por el granito o por su imitación artificial, el Silestone. El granito tiene buena resistencia al calor, pero las canteras de este material producen muchos residuos. El Silestone presenta una buena calidad estética, pero está compuesto por cuarzo, resinas derivadas del petróleo y el agente bactericida Microban (triclosán), por lo que puede ser considerada una encimera antibacteriana pero no del todo ecológica. El cuarzo es una roca mineral de gran dureza y a la vez porosa, por lo que se debe ir con cuidado con la manchas. Está compuesto en un 90% de carbonato cálcico y conviene evitar su contacto con agentes ácidos.

If we choose a wooden worktop, make sure that the fibers come from a sustainable plantation. The most reliable certificates are from the Forest Stewardship Council (FSC), the most rigorous accreditation organization in this sense, and the Pan-European Forest Certification (PEFC).

Solid wood, specially beech or oak, is always advisable over plywood boards or conglomerate boards. To enhance its durability good maintenance is required, we recommend you to varnish it with natural oils protecting it from moisture.

Si escogemos una encimera de madera, debemos asegurarnos de que las fibras proceden de una plantación sostenible. Los certificados más fiables son los del Forest Stewardship Council (FSC), la organización de acreditación más rigurosa en este sentido, y el Sistema Paneuropeo de Certificación Forestal (PEFC).

Se recomienda siempre la madera maciza, especialmente de haya o de roble, frente a los contra-chapados o los tableros de conglomerado. Para potenciar su durabilidad necesita un buen mante-nimiento, por lo que se recomienda barnizarla con aceites naturales para protegerla de la humedad.

This home located in Finland features spruce wood treated with natural oiled floors and walls. Cherry wood covered with a stainless steel worktop has been used for the kitchen furniture. The dining table is maple.

Esta vivienda situada en Finlandia presenta madera de abeto tratada con aceite natural en pavimentos y paredes. El mobiliario de la cocina es de madera de cerezo rematado con una encimera de acero inoxidable. La mesa del comedor es de arce.

The flooring and cupboards of this kitchen features wood are made of hardwood. The south-facing walls store heat depending on the outside temperature. A prefabricated construction method has been used in this home. This is a system that generates less waste and reduces assembly time.

Esta cocina utiliza la madera como material noble en pavimentos y armarios. Las paredes orientadas al sur sirven para acumular calor en función de la temperatura externa. El método de construcción es prefabricado, un sistema que genera menos residuos y reduce el tiempo de montaje.

This kitchen features a central island in cherry wood. The floor and worktops are made of OSB chipboard. These boards are made of wood chips glued together with polyurethane resins and MUPF (melamine-urea-phenol-formaldehyde). These panels are an economical alternative to solid wood; however they contain chemical adhesives applied under high pressure and temperature, which release formaldehydes to the atmosphere.

Esta cocina presenta una isla central en madera de cerezo. El pavimento y las encimeras están formados por tableros de aglomerado OSB. Estos tableros se componen de virutas de madera encoladas con resinas de poliuretano y MUPF (melamina-urea-fenol-formol), y son una alternativa económica a la madera maciza, pero tienen el problema de incorporar adhesivos químicos aplicados bajo alta presión y a elevada temperatura que liberan formaldehídos.

The Evolution House kitchen, featured in the Grenoble Alpexpo exhibition in 2008, features an American-style kitchen with OSB floorboards and a chestnut wood ceiling. Make sure that the OSB has low formaldehyde content and it has a certificate of sustainability for both materials.

La Evolution House, presentada en la exposición Alpexpo de Grenoble en 2008, cuenta con una cocina americana con pavimento a base de tablero de aglomerado OSB y techo de madera de castaño. Es necesario asegurarse de que el tablero OSB tiene un bajo contenido de formaldehído, así como disponer de un certificado de sostenibilidad para ambos materiales.

Both the flooring and the worktop are made of wood from the multinational company Listone Giordano. The wood is treated with natural oils and does not emit volatile organic compounds (VOCs).

Tanto el pavimento como la encimera de esta cocina están realizados con madera de la multinacional Listone Giordano, están tratados con aceites naturales y no emiten compuestos orgánicos volátiles (COV).

The wooden floors and furniture of this kitchen are maintained using natural oils by the German brand Auro.

El mantenimiento de los suelos y del mobiliario de madera de esta cocina se realiza con aceites naturales de la marca alemana Auro.

This kitchen by Delta Cocinas features solid bamboo from plantations with a controlled felling and replanting procedure, and a 0.39-inch stainless steel worktop with flush LED. Stainless steel is a clean and safe material, but in contrast it has a high embodied energy.

Esta cocina de bambú diseñada por Delta Cocinas presenta un tablero de madera maciza de bambú, procedente de plantaciones de tala y replantación controlada, y un plano de trabajo de 10 mm de acero inoxidable con diodos Led enrasados. El acero inoxidable es un material limpio y seguro, pero como contrapartida presenta una elevada energía incorporada.

The ceramic cladding for the floors, walls and kitchen of this house is made by Deutsche Steinzeug, a German company that produces this highly energetic material in line with clean production criteria.

El revestimiento cerámico de los suelos, las paredes y la cocina de esta vivienda está comercializado por Deutsche Steinzeug, una empresa alemana que produce este material altamente energético según criterios de producción limpia.

The use of natural light in the kitchen is fundamental to reduce energy consumption. Obie G. Bowman designed this central skylight to take advantage of sunlight. Sunlight filters through perforated metal panels (forming a truncated pyramid) that diffuse the light into the room, and some of it is reflected in the rooms next to the kitchen. The skylight also serves to extract hot air in summer and renew the interior air.

El aprovechamiento de la luz natural en la cocina es básico para reducir el consumo energético. Obie G. Bowman diseñó esta claraboya central para aprovechar la luz del sol. La radiación solar se filtra a través de paneles metálicos perforados (formando una pirámide truncada) que permiten la entrada de luz de manera difusa y que parte de esta se refleje en las habitaciones próximas a la cocina. Dicha claraboya también sirve para extraer el aire caliente en verano y renovar el aire interior.

If the kitchen does not have access to outside, an efficient lighting option should be used. For many years we have used fluorescent low-consumption and low-quality lights in kitchens. Dulux Carré by Osram is an aesthetic alternative to fluorescent outdoor

beremos optar por una opción eficiente de iluminación. Durante muchos años se han utilizado fluorescentes en las cocinas, de bajo consumo y baja calidad lumínica. Dulux Carré de Osram representa una alternativa estética a los fluorescentes, mediante luminarias de bajo consumo para interiores y exteriores.

A green wall in the stairwell of this apartment in Berlin ensures a high level of indoor air quality due to the purifying effect of the plant biomass.

La presencia de una pared vegetal en la caja de la escalera de este piso de Berlín asegura una óptima calidad del aire interior, debido al efecto purificador de la masa vegetal.

For cooking, the most environmental option is to use gas, flame or an electric hob. It is worth highlighting the use of electric hobs or plates, unless the electrical system is powered by a renewable energy source. The more sustainable option of all is to cook by sunlight. The characteristics of a solar cooker are detailed in the section on accessories.

Para la cocción de los alimentos, la opción más medioambiental es el gas, de llama o en vitrocerámica. Cabe descartar el uso de vitrocerámica eléctrica o placas, a no ser que el sistema eléctrico sea alimentado por una fuente de energía renovable. La opción más sostenible de todas es cocinar con el sol. Las características de una cocina solar se detallan en el apartado de complementos.

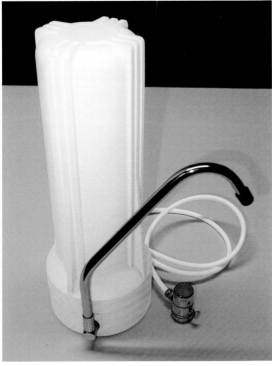

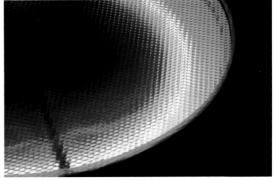

Implementing a home automation system can result in significant energy savings. For the kitchen, which includes many household appliances, appliances in standby mode can be detected and managed duly. This can represent between 8 % and 10 % of the total energy consumed in a home.

La aplicación de un sistema domótico en toda la vivienda puede representar un importante ahorro energético. En el caso de la cocina, que comprende numerosos electrodomésticos, se pueden detectar y gestionar debidamente los *standby*, que en el conjunto global de una vivienda llegan a consumir entre el 8% y el 10% de la energía.

Natural Light is a water filter system for worktops that connects to the kitchen faucet and improves the taste, odor and color of the water for drinking and cooking. The key is a granular activated carbon filter and a high purity mineral patented formula.

This device removes 99 % of chlorine as well as possible organic pollutants (pesticides, oils, dioxins), sediments and heavy metals. Indirectly, by avoiding buying bottled water, it reduces the amount of plastic waste generated.

Natural Light es un sistema de filtro de agua para encimera que se conecta al grifo de la cocina y mejora el sabor, el olor y el color del agua para beber y cocinar. La clave es un filtro de carbón activo granular y una fórmula patentada de minerales de alta pureza.

Este dispositivo permite la eliminación del cloro en un 99%, así como de posibles contaminantes orgánicos (pesticidas, aceites, dioxinas), los sedimentos y los metales pesados. Indirectamente, al evitar comprar agua embotellada, se reduce la cantidad de residuos de plástico generados.

# Bedroom

# Dormitorio

The bedroom area is part of the private area of the home. in this space the theories of feng shui to ensure a restful sleep converge with our personal taste. This space should be neutral, it should be ventilated regularly, with the largest possible number of natural materials (furniture, carpeting, mattresses and fabrics), painted in light colors with watercolor paints with little decoration on the wall. The presence of electrical and electronic equipment should be kept to a minimum.

El dormitorio forma parte del área privada de la vivienda. En este espacio convergen las teorías del *feng shui*, que nos aseguran un descanso reparador, con nuestro gusto personal. Se recomienda que sea un espacio neutro que pueda ser ventilado con asiduidad, con el mayor número de materiales naturales posibles (mobiliario, moqueta, colchón y tejidos), pintado con colores claros con pintura al agua y con poca decoración en la pared. También es aconsejable reducir al máximo la presencia de aparatos eléctricos y electrónicos en su interior.

Waking up to natural sunlight in the bedroom, if curtains or translucent panels are not used, is good for our health. It also encourages cross-ventilation during the summer and periodically ventilates the room in winter, preventing moisture

La iluminación natural en el dormitorio, en caso de no haber cortinas o de usar unas translúcidas, sirve para poder despertarse con la luz del sol, lo cual es beneficioso para la salud. Permite también la ventilación cruzada durante el verano y ventilar la estancia periódicamente en invierno, evitando así los problemas de humedad.

This prefabricated prototype in Arizona, United States built by students under the direction of Jennifer Siegal, is used as guest accommodation. It has been laid out to facilitate ventilation along its rectangular construction.

Este prototipo prefabricado en Arizona (Estados Unidos), construido por unos estudiantes bajo la dirección de Jennifer Siegal, se emplea como alojamiento para invitados y está organizado de manera que facilita la ventilación a lo largo de su construcción rectangular.

The carpet or rug used in the bedroom, as in all other rooms, should not contain volatile organic compounds (VOCs). The surfaces of the furniture should be smooth, and the wood should be certified by an international body and locally sourced. Beech wood is one of the most recommended types of wood.

La moqueta o la alfombra que usemos en el dormitorio, al igual que las de otras estancias de la vivienda, debería estar libre de compuestos orgánicos volátiles (COV). Los muebles deberían ser de superficie lisa, y si la madera está certificada por algún organismo internacional o es de procedencia local, mejor. La madera de haya es una de las más recomendables.

If using wooden parquet, we must ensure that it has an ecological sustainable certificate (FSC, PEFC), that it is finished with natural oils, and is compatible with underfloor heating, as in the case of this Listone Giordano surface.

En caso de usar un parqué de madera, debemos asegurarnos de que cuente con un certificado ecológico de plantación sostenible (FSC, PEFC), que esté acabado con aceites naturales y que sea compatible con el suelo radiante, como este pavimento de Listone Giordano.

This house, built under the criteria of zero energy building, has been 100 % prefabricated, which can be seen in the wood panels that make up the interior walls, and the structure of the façade. Zero energy buildings have a net energy consumption close to zero in a typical year. They are supply with renewable energy sources.

Esta vivienda, que cumple los criterios de edificio de energía cero, presenta una construcción 100% prefabricada, lo que se observa en los paneles de madera que conforman las paredes interiores y la estructura de la fachada. Los edificios de energía cero tienen un consumo de energía neta cercana a cero en un año típico. Se autoabastecen de fuentes de energía renovables.

Deutsche Steinzeug markets ceramic floor tiles made from materials such as clay, kaolin, feldspar and quartz. They are locally produced and through cogeneration they make use of the heat from the baking process.

Deutsche Steinzeug comercializa pavimentos cerámicos con materiales como la arcilla, la caolina, el feldespato y el cuarzo. Su proceso de producción es local y por cogeneración se aprovecha el calor resultante del proceso de cocción.

Bright colors are not suited to the bedroom. To achieve maximum tranquility in this place of rest neutral tones should be used: white and a range of colors from ocher to beige. For total harmony, the quilt and sheets should be white.

Los colores vivos no son los más adecuados para el dormitorio, ya que para conseguir la máxima tranquilidad en este lugar de descanso deberían primar los tonos neutros: el blanco y la gama de colores que van del ocre al beis. Para que la armonía sea total, el edredón y las sábanas deberían ser blancos.

Modular furniture in the bedroom is also advisable, for example beds that double up as a sofa, or in smaller details such as the television box that can be used both in the living room and in the bedroom.

El mobiliario modular en el dormitorio también es aconsejable, sea con la ayuda de camas que se convierten en sofá, sea en detalles de menor importancia como en el caso de la caja de la televisión, que puede ser utilizada tanto en la sala de estar como en el dormitorio.

Modular spaces are specifically tailored for small homes or student residences. As with the apartments versus family homes, reduced spaces are always more efficient and therefore have a smaller carbon footprint. A foldout bed is an example of this, as it helps us make better use of living space. So, by day a table or something can be placed in the space or it can be left free facilitating movement.

Los espacios modulares están especialmente pensados para las viviendas pequeñas o las residencias de estudiantes. Al igual que los apartamentos frente a las casas unifamiliares, los espacios reducidos son siempre más eficientes y, por tanto, presentan una huella ecológica menor. Una cama plegable sería un ejemplo de ello, ya que ayuda a aprovechar mejor la superficie habitable. En este caso, de día el espacio se puede ocupar con una mesa o dejarlo libre para facilitar la circulación.

# Bathroom

# Baño

The bathroom is where most water is consumed. For example, whenever we flush the toilet 8.7 to 17.5 pints of clean water are flushed down the drain. Ideally, the water from the shower and the sink would come from filtered rainwater and water from the tank is purified greywater from the home. The quality of water is also an aspect to consider: make sure water contains low levels of chlorine and no heavy metals, pesticides and volatile organic compounds, as ironically the drinking water network in large cities usually contains more than just water. In the bathroom, underfloor heating or a radiator with water heated by a solar thermal system or a pellet stove is ideal.

Esta es una de las zonas de la casa donde se consume más agua. Por ejemplo, cada vez que tiramos de la cadena del inodoro se pierden de cinco a diez litros de agua potable por el desagüe. La situación ideal sería que el agua de la ducha y del lavamanos procediera de agua de lluvia filtrada y que el agua de la cisterna lo hiciese de aguas grises depuradas de la propia vivienda. La calidad del agua también es un aspecto a tener en cuenta: hay que asegurarse de que nos llegue con menos cloro y sin metales pesados, pesticidas y compuestos orgánicos volátiles, ya que la red de agua potable de las grandes ciudades suele llevar algo más que agua. En el baño, la calefacción ideal sería de suelo radiante o radiador de agua calentada por una caldera de *pellets* o una instalación solar térmica.

This house in Virginia, United States has the LEED Gold sustainable construction certification. The sanitary water is supplied by a geothermal heating/ cooling system. The wall tiles are made of a ceramic mosaic that contains post-industrial recycled origin material.

Esta vivienda de Virginia (Estados Unidos) dispone del certificado de construcción sostenible LEED Gold. El agua sanitaria viene calentada por un sistema geotérmico de calefacción/frío. Los azulejos de las paredes están formados por un mosaico vitrocerámico que contiene material reciclado de origen posindustrial.

The bathroom of this home on the Chilean coast stands out both for the natural character of the elements (sink, mirror frame and walls clad with wood and slate) and by the simplicity of its form. The lighting, mainly natural, is complemented by a low-energy fluorescent lighting.

El baño de esta vivienda en la costa chilena destaca tanto por el carácter natural de los elementos (lavamanos, marco del espejo y revestimiento de paredes con madera y pizarra) como por la sencillez de las formas. La iluminación, principalmente natural, está complementada por un fluorescente de bajo consumo.

Simple lines in the bathroom are always preferable. The bathroom of this home in Belgium features natural elements such as teak. As it is not a local wood, this choice should be supported with a certification on the sustainable origin of the material.

En el baño son siempre preferibles las líneas simples. El de esta vivienda en Bélgica presenta elementos naturales, como la madera de teca. Al no tratarse de una madera local, esta elección debería ser respaldada con una certificación sobre el origen sostenible del material.

For those requiring a more luxurious aesthetic, this bathroom is equipped with Deutsche Steinzeug Agrob Buchtal ceramic material, manufactured in line with clean technology criteria. Gold-colored decorative elements may be a problem, as metallic colors often contain a higher proportion of heavy metals.

Para aquellos que prefieran una estética más lujosa, este baño está equipado con material cerámico Agrob Buchtal de Deutsche Steinzeug, fabricado según criterios de tecnologías limpias. El acabado color oro de algunos elementos decorativos del revestimiento puede suponer un problema, ya que los colores metalizados o dorados suelen contener una mayor proporción de metales pesados.

As with the living room, kitchen and bedroom, Listone Giordano markets wooden floors finished with natural oils and certified by international bodies such as FSC or PEFC, for flooring, vanity units and floorboards.

Al igual que para la sala de estar, la cocina y el dormitorio, Listone Giordano comercializa pavimentos de madera acabada con aceites naturales y certificada por organismos internacionales como el FSC o el PEFC para suelos de baños y tarimas de bañeras.

MOD is the new collection by Vitra. Designed by Ross Lovegrove, it consists of a modular system that combines ceramic and bamboo. If obtained from sustainable plantation, the bamboo is a good alternative to wood to give a bathroom that desired natural touch.

MOD es la nueva colección de Vitra. Diseñada por Ross Lovegrove, consta de un sistema modular que combina cerámica y bambú. Esta gramínea, si procede de una plantación sostenible, puede ser una buena alternativa a la madera para dotar al baño del toque natural deseado.

Claudio Silvestrin has designed these stone bathtubs and washbasins with simple and natural forms for his collection Le Acque; a return to his roots with extreme elegance.

Claudio Silvestrin ha diseñado estas bañeras y lavamanos de piedra de formas simples y naturales dentro de su colección Le Acque. Un retorno a los orígenes con mucha elegancia.

The use of modular furniture saves space, reduces the use of resources and provides clean surfaces in one space, the bathroom, whose principal value is hygiene.

El uso de mobiliario modular permite ahorrar espacio, reducir el empleo de recursos y disfrutar de superficies limpias en un espacio, el baño, cuyo valor principal es la higiene.

This type of resistant coating, when applied in the baking process, is not only suitable for walls but also for floors. This film eliminates formaldehyde odors from household furniture, from tobacco, cooking and bathroom odors.

In conventional tiles moisture accumulates in droplets. In Hydrotect tiles, the water forms a thin film that removes dirt. Moisture and dirt can be removed with a rag. This greatly reduces water used for cleaning which then turns into sewage water and the use of household cleaners for bathrooms that, unless they hold an eco-certificate, often contain products harmful to our health.

Al ser aplicado mediante cocción, este tipo de revestimiento resistente no solo es adecuado para paredes sino también para pavimentos. Esta película elimina los malos olores procedentes del formaldehído de los muebles del hogar, del humo de tabaco, de la cocina y los olores sanitarios.

En los azulejos convencionales la humedad se acumula en forma de gotas. En los de Hydrotect, el agua forma una fina película que elimina la suciedad. Con la ayuda de un trapo, se quita la humedad y la suciedad. Eso reduce sobremanera el agua de limpieza que después se vierte a la red de saneamiento y el uso de limpiadores para baños que, a no ser que posean un certificado ecológico, suelen contener productos tóxicos para la salud.

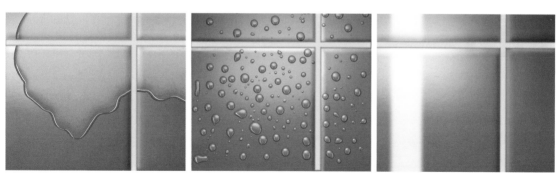

The ceramic cladding with the Hydrotect finish by Deutsche Steinzeug mimics the functions of a lotus flower leaf, through a nanostructure containing hydrophobic waxes, which prevents water and dirt from sticking to it. It is also inspired by the hydrophobic finishes of Teflon pans, which repel water droplets.

Hydrotect consists of titanium dioxide on the surface of the tiles, so that it catalyzes a reaction between light, oxygen and moisture. This photocatalytic process produces activated oxygen, which breaks down microorganisms such as bacteria, fungi and algae.

El revestimiento cerámico con acabado Hydrotect de Deutsche Steinzeug imita el funcionamiento de la hoja de la flor de loto mediante una nanoestructura que contiene ceras hidrofóbicas para prevenir la adherencia de agua y suciedad. También se inspira en los acabados hidrofóbicos de las sartenes de teflón, que repelen las gotas de agua.

El Hydrotect consiste en la cocción de dióxido de titanio en la superficie de los azulejos, de manera que cataliza una reacción entre la luz, el oxígeno y la humedad. Este proceso fotocatalítico produce oxígeno activado, que descompone microorganismos como las bacterias, los hongos y las algas.

This Zen-ambience bathroom is flooded with natural light thanks to the large central skylight. Natural light is not always possible in the bathroom, especially if you live in an apartment, but when possible, it significantly saves energy and is very beneficial for the owner.

Este baño de ambiente zen dispone de una formidable luz natural gracias a la amplia claraboya central. No siempre se puede disponer de tanta luz natural en el baño, sobre todo si se vive en un apartamento, pero cuando eso es posible, representa un notable ahorro energético y algo muy saludable para el inquilino.

The Barcelona-based company Zicla manufactures synthetic slate with recycled plastic to be used in roofs, façades and bathroom cladding.

La empresa barcelonesa Zicla fabrica pizarra sintética con plástico reciclado que se puede emplear en cubiertas, fachadas y revestimiento de baños.

Ceramic mosaics tiles in flooring and walls are frequently used in the bathroom. The vitrified ceramic by Reviglass contains 100 % recycled glass in all its products and uses a bonding system with polyurethane cord.

The use of this recycled material reduces energy consumption by 60% during production. According to the manufacturer, the lower the mass of Reviglass mosaic in relation to ceramic results in savings of 25 % less in energy consumption. Another advantage is that this type of mosaic is laid with a paper panel instead of using glass mesh and PVC points, which generate more polluting waste.

El uso de mosaicos cerámicos en pavimentos y paredes es frecuente en el baño. La cerámica vitrificada de Reviglass contiene vidrio 100% reciclado en todos sus productos y usa un sistema de pegado con cordón de poliuretano.

La utilización de este material reciclado representa reducir en un 60% el consumo energético durante la producción. Según el fabricante, la menor masa del mosaico Reviglass con respecto a la cerámica permite consumir un 25% menos de energía. Otra ventaja es que este tipo de mosaico se coloca con panel de papel, en lugar de utilizar malla de vidrio y puntos PVC, que generan residuos más contaminantes.

The eTech and eMote series by Dornbracht are automatic **electronic faucets** that operate with a sensor that joins hygiene and water conservation. These faucets turn on without any contact; the user just has to place their hands under the faucet. This system is often used in commercial and public places, but it is also marketed for home use.

Las series eTech y eMote de Dornbracht son **griferías electrónicas** automáticas que funcionan con un sensor, de manera que consiguen higiene y ahorro de agua. Estos grifos se activan sin ningún contacto cuando el usuario pone las manos bajo el caño de salida. Este sistema se emplea a menudo en lugares públicos y espacios comerciales, pero también se comercializa para uso doméstico.

The eTech and eMote series by Dornbracht includes a waterproof and dustproof connection and battery box that meet protection category IP67 standards. These standards are regulated by different bodies depending on the country. For example in Germany it is controlled by the Association of German Electricians (VDE).

Las series eTech y eMote de Dornbracht presentan la conexión y caja de batería impermeables al agua y al polvo mediante la protección IP67. Este nivel de protección está regulado por diferentes organismos según el país. Por ejemplo, en Alemania lo regula la Asociación de Electricistas Alemanes (VDE).

All **mixer faucets** by Roca help reduce water consumption by up to 50 % thanks to its safety click system. If you require more water push the faucet upwards. They also incorporate a device that helps reduce the water temperature.

Todas las **griferías monomando** de Roca ayudan a reducir el consumo de agua hasta un 50% gracias a su sistema de clic de seguridad que obliga a forzar el mando hacia arriba si se desea una mayor cantidad de agua. Además, incorporan un dispositivo que permite reducir la temperatura del agua.

Hansgrohe presents faucets with EcoSmart technology, which limits the flow through special nozzles and the addition of air. This can reduce water consumption from 1.3 to 2.1 gal/min without altering the level of comfort. If the output flow is reduced, the flow of water to be heated is also reduced; therefore there are also indirect energy savings.

Hansgrohe presenta grifería con tecnología EcoSmart que mediante un limitador de caudal incorporado, unas toberas especiales y la incorporación de aire hacen posible que el consumo de agua se reduzca de 6 a 9,5 L/min sin alterar el nivel de confort. Si se reduce el caudal de salida, también se reduce el caudal a calentar, por lo que hay un ahorro de energía indirecto.

The use of **aerators** in the faucets in the bathroom or kitchen can save 50 % of water. Orfesa sells models with a plastic interior that is limescale resistant. Conventional aerators typically become less efficient over the months due to limescale; therefore it is recommended that they are washed regularly with vinegar.

El uso de **aireadores** en los grifos del baño o de la cocina puede suponer un ahorro del 50% en agua. Orfesa comercializa unos modelos con plástico interior resistente a la adherencia de la cal del agua. Loss aireadores convencionales suelen perder eficiencia con el paso de los meses debido a la cal adherida, por eso se recomienda un lavado periódico con vinagre para eliminarla.

The use of 2.3 gal/min **stabilizers** saves an average of 50-60 % in comparison to a conventional standard shower. These valves should be placed between the faucet and the flexible hose. This prevents a surge in pressure in the flexible hose and stabilizes the flow, regardless of pressure from the network and by turning on the faucet.

El uso de **estabilizadores de caudal** de 9 L/min representa un ahorro de agua del 50-60% respecto a la ducha estándar convencional. Estas válvulas se colocan entre el grifo y el flexible de la ducha, lo que evita la sobrepresión en el flexible y estabiliza el caudal, independientemente de la presión de la red y de la apertura del grifo.

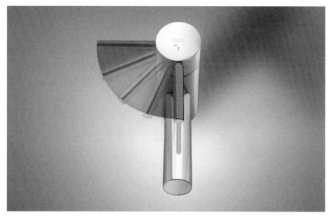

Tres faucets reduce water and energy consumption by 50 %. When turned on and the faucet is centrally positioned cold water runs and hot water can only be used when it is turned to the left.

La grifería Tres reduce en un 50% el consumo de agua y de energía. Los grifos monomando incorporan un sistema de apertura en agua fría cuando el mando está en posición central y permiten utilizar agua caliente solo cuando se gira el mando hacia la izquierda.

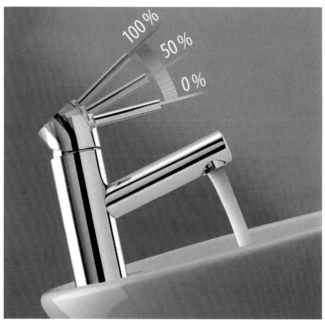

Another advantage of this system is the easy flow regulation, which is done by simply turning the regulator screw (below the pipe) with a coin and choosing the water pressure you desire. This system received the Environmental Quality Assurance Distinction from the Generalitat de Catalunya, which is an eco-label promoted by the Catalan government.

Otra gran ventaja de este sistema es la fácil regulación del caudal, que se realiza simplemente girando con una moneda el tornillo regulador –situado debajo del caño– y eligiendo a voluntad la presión del agua. Dicho sistema obtuvo el Distintivo de Garantía de Calidad Ambiental de la Generalitat de Catalunya, que es una etiqueta ecológica promovida por el gobierno catalán.

The Irisana IR15 Eco-shower model consists of a shower head with 412 micro pores and a filter formed by ceramic particles. Due to a micronization process, the shower head releases large quantities of negative ions (Lenard effect) which are very beneficial to our health and they cleanse and disinfect the skin without using soap or other products. It reduces the chlorine content and saves up to 65 % of water and energy required to heat it.

El modelo de ecoducha Irisana IR15 está compuesto por un cabezal con disco de 412 microporos y un filtro formado por partículas cerámicas. Debido a un proceso de micronización en el mismo teléfono de la ducha, el agua libera una gran cantidad de iones negativos (efecto Lenard) muy beneficiosos para la salud, a la vez que limpia, tonifica y desinfecta la piel sin necesidad de utilizar jabones u otros productos. Reduce el contenido de cloro y ahorra hasta el 65% del agua y la energía necesaria para calentarla.

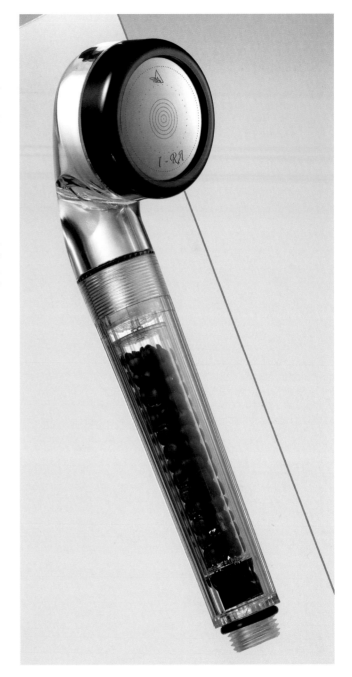

By now, the average citizen is already aware of the difference in consumption between showering and taking a bath. The Kendo-T by Roca faucet with a thermostatic mixer, automatically maintains a constant water temperature that the user selects, regardless of variations in the flow pressure.

A estas alturas, el ciudadano medio ya tiene muy asumida la diferencia de consumo entre ducharse y tomarse un baño. La grifería Kendo-T de Roca, con mezclador termostático, mantiene constante la temperatura del agua que haya seleccionado el usuario de forma automática, independientemente de las variaciones de presión de caudal.

The German company Hansgrohe sells **hand showers** that reduce water consumption. The Raindance collection presents Air Power technology, where air bubbles are added to the water passing through all of the showerheads (three gallons of air are added to every gallon of water). This collection and the model Crometta 85 Green presents EcoSmart technology to limit the flow.

La compañía alemana Hansgrohe comercializa **teleduchas** que reducen el consumo de agua. La colección presenta tecnología Air Power, que permite que el disco de salida absorba el aire que se arremolina con el agua entrante (cada litro de agua recibe aproximadamente tres litros de aire). Esta colección y el modelo Crometta 85 Green presentan tecnología EcoSmart con limitador de caudal incorporado.

The **double push button method** is widespread in rest rooms in developed countries. The building legislation of most countries require their installation in new constructions, but there are many existing buildings in which strategies to reduce water consumption undergo other more ingenious solutions.

Las **descargas de doble pulsador** se han generalizado en los lavabos de los países desarrollados. La normativa edificativa de la mayoría de los países exige su instalación en nuevas construcciones, pero aún quedan muchos edificios ya construidos en los que las estrategias para reducir el consumo de agua pasan por otro tipo de soluciones más ingeniosas.

**Water volume reducers** are a simple proven and economic device, which helps to save water in WC cisterns. Some 3.2 pints are saved every time the toilet is flushed. A series of eco-messages have been printed on the packaging of the reducer to increase user awareness. This represents a savings of 1,056 gallons of water per person per year.

El **reductor volumétrico** es un dispositivo sencillo, de eficacia probada y de bajo coste, que contribuye al ahorro de agua en las cisternas de WC. Con él ahorramos 1,5 L cada vez que tiramos de la cadena del WC. En el mismo reductor se han impreso una serie de mensajes de sensibilización para el usuario. Representa un ahorro de 4.000 L de agua por persona y año.

The **side and lower filling faucets** by Orfesa have a regulating mechanism and the quantity of water in the WC cistern can be adjusted. For their installation they do not require skilled labor.

Los **grifos de llenado lateral e inferior** de Orfesa permiten un mecanismo de regulación del llenado a voluntad, con lo que se puede ajustar la cantidad de agua que se desee en la cisterna del WC. Su instalación no requiere mano de obra especializada.

W + W (Washbasin + Watercloset) is a proposal created by the Roca Innovation Lab and designed by Gabriele and Oscar Buratti. This design integrates two essential elements in any bathroom space: the toilet and wash-hand basin. Combining them in one piece saves space without renouncing an attractive design. Furthermore, by offering a multifunctional product, the resources used and production waste materials are reduced. This system reduces water consumption by 25 %, since the water used in the wash-hand basin is used to fill the toilet cistern. An automatic cleaning system prevents bacteria forming in the water and odors.

W+W (Washbasin + Watercloset) es una propuesta creada por el Innovation Lab de Roca y diseñada por Gabriele y Oscar Buratti. Este diseño aúna dos elementos esenciales en cualquier aseo, el inodoro y el lavamanos, lo que permite ganar espacio sin por ello renunciar a un diseño atractivo. Además, al ofrecer un producto multifuncional, se reducen los recursos empleados y los residuos de producción. Con este sistema el consumo de agua se reduce un 25%, ya que el agua usada en el lavamanos sirve para llenar la cisterna del inodoro. Un sistema automático de limpieza evita las bacterias en el agua y los malos olores.

**Plants** in the bathroom are a good accessory as they purify the air. If plants alone do not give you the desired effect, use a dehumidifier such as a fan. We do not recommend the use of PVC curtains as they contain elements with chlorine and phthalates, which are plasticizers that turn hard plastic into soft plastic.

La presencia de **plantas** en el baño es aconsejable porque purifican el aire. Si las plantas no son suficientes se puede usar un deshumidificador en forma de ventilador. Las cortinas de PVC no son aconsejables, porque contienen elementos con cloro y ftalatos, que son plastificantes que sirven para pasar del plástico duro al plástico blando.

The relative humidity suitable for our comfort and health stands between 45 % and 55 %, in both summer and winter. According to the principle of condensation, **dehumidifiers** extract surplus water from the air and store it in a tank. This improves air quality and reduces the possible development of mold. They are a wise choice for people with allergies, as they reduce the spread of mites and fungi.

El porcentaje de humedad relativa adecuado para el confort y la salud está entre el 45% y el 55%, sea verano o invierno. Según el principio de condensación, los **deshumidificadores** extraen del aire el agua que le sobra y la almacenan en un depósito. Esto permite mejorar la calidad del aire y reducir la posible creación de moho. Para las personas alérgicas son un buen aliado, ya que reducen la proliferación de ácaros y hongos.

We have discussed good measures for saving water, such as dual flush systems, aerators and showers instead of baths. Although the most efficient system would be to have two water supplies in the home: a drinking water network, which has to be drinkable, and a network for other uses, fed by a purification and greywater (sink, bathtub, shower and washing machine) reuse system.

Hemos comentado buenas medidas para el ahorro de agua como son los sistemas de doble descarga, los aireadores y ducharse en lugar de bañarse. Sin embargo, el sistema más eficiente consistiría en tener dos suministros de agua en la vivienda: una red de agua de boca, que ha de ser potable, y otra red para el resto de usos, alimentada por una instalación de depuración y reutilización de aguas grises (lavamanos, bañera, ducha y lavadora).

Sancor Industries markets Envirolet **composting toilets**, which are a very efficient way of saving water. These systems, which do not use water, require: hot air that helps to evaporate the water content of the feces, a small turbine that extracts the excess air and a compost catalyst if you want to accelerate the process. The compost is collected from the bottom part about twice a year.

The **Remote** system, which uses 1 pint of water when flushed, can have up to three toilets connected to a single composting unit.

Sancor Industries comercializa los **lavabos autocompostables** Envirolet®, que representan una manera muy eficiente de ahorrar agua. Estos sistemas, que no utilizan agua, necesitan aire caliente que ayuda a evaporar el contenido de agua de las heces, una microturbina que extrae el aire sobrante y un catalizador de compostaje si lo que se desea es acelerar el proceso. El compost se recoge por la parte inferior unas dos veces al año.

El sistema **Remote**, que utiliza 0,5 L de agua cuando se tira de la cadena, permite tener una red de hasta tres inodoros conectados a un módulo compostador situado aguas abajo.

## Practical ideas for a greener garden or terrace

Gardens and terraces brighten up homes, but they do not always give as much life as they could do. Pesticides, herbicides and chemical fertilisers, which give plants an unparalleled appearance, are polluting for the environment and for people, while irrigation which is inefficient and uses tap water is a complete no-go from an ecological and financial point of view.

By making a series of changes that do not entail a great deal of work or investment you can make your gardens and terraces much greener. The first step is to plant native species, which are better adapted to the climate and environment, meaning they require less care and watering. After that, you have a myriad of options to choose from, from using trees and bushes to save on air conditioning to making homemade compost from organic waste and prunings and cuttings.

## Ideas prácticas para un jardín o una terraza más sostenible

Los jardines y las terrazas animan las viviendas, pero no siempre dan tanta vida como podrían. Los pesticidas, herbicidas y fertilizantes químicos, que hacen que las plantas tengan un aspecto inmejorable, resultan contaminantes para el medio y las personas, mientras que un riego ineficaz y con agua potable es todo un despropósito desde un punto de vista ecológico y económico.

Realizando una serie de cambios que no conllevan ni mucho esfuerzo ni un gran desembolso se pueden conseguir jardines y terrazas más sostenibles. La primera medida es optar por plantas autóctonas, que, al estar más adaptadas al clima y al entorno, requieren menos cuidados y menos agua. A partir de aquí, se abre todo un mundo de posibilidades: desde aprovechar los árboles y arbustos del jardín para ahorrar en climatización hasta la realización de abono casero con la basura orgánica y los restos de la poda.

## Natural solutions as an alternative to chemical products

## Soluciones naturales frente a productos químicos

Most products that protect plants (pesticides and herbicides) are aggressive for the environment and harmful to our health. Heavy rain leads then to seep into the ground, from where they filter into nearby streams and rivers, poisoning the water. In addition, merely producing them releases thousands of tonnes of greenhouse gases into the atmosphere.

La mayoría de los productos fitosanitarios (pesticidas y herbicidas) son agresivos con el medio ambiente y perjudiciales para la salud. Una lluvia intensa podría filtrarlos al subsuelo, desde donde llegarían a arroyos y ríos cercanos, envenenando el agua. Además, su producción emite miles de toneladas de gases de efecto invernadero.

Prevention is the best way to avoid using these chemicals, since the plants and trees cultivated with care grow to be healthy and are able to withstand problems easily. It is therefore important to bear in mind that watering during the hottest time of the day encourages fungal infections, while keeping the bases of stems well aired avoids them.

There are natural preparations that are easy to make and user-friendly and help plants and trees to grow healthily. Dandelion, macerated in water and sprayed on leaves strengthens them and stimulates growth.

La prevención es la mejor fórmula para evitar el uso de los productos químicos, puesto que las plantas y los árboles cultivados con cuidado crecen sanos y son capaces de soportar la aparición de problemas sin dificultad. Para ello, es de utilidad saber que el riego en horas cálidas propicia las infecciones por hongos, mientras que mantener aireada la base de los tallos las evita.

Existen preparados naturales, fáciles de elaborar y de aplicar, que favorecen el crecimiento sano de las plantas y los árboles. El diente de león, macerado en agua y pulverizado sobre las hojas, refuerza y estimula su crecimiento.

A well-cared-for and healthy vegetation is more resistant to diseases and pests.

Una vegetación bien cuidada y sana resiste mejor la aparición de enfermedades o plagas.

Water attracts certain animals, such as dragonflies and amphibians, which help to prevent the appearance of pests.

Los puntos de agua atraen a ciertos animales, como mariquitas o libélulas, que contribuyen a evitar la aparición de plagas.

Vegetation plays a useful role in combating diseases and pests. Planting lavender repels greenfly, while some species attract beneficial insects such as ladybirds or dragonflies, which prey on pests.

In an unstable ecosystem, insects that were formerly balanced by their natural enemies easily become plagues. Ladybirds, for example, control greenfly. Water is important for attracting animals, such as dragonflies and amphibians, while trees attract birds.

If, despite everything, you do not manage to ward off diseases and pests, you can use natural solutions to get rid of them. The artichoke is one of a long list of useful plants that can be used, as an infusion, decoction or maceration, as an insecticide or insect repellent.

La vegetación útil desempeña un papel importante en la lucha contra las enfermedades y las plagas. Plantar lavanda ahuyenta el pulgón del rosal, mientras que ciertas especies atraen a insectos beneficiosos, como las mariquitas o las libélulas, que son depredadores de parásitos.

En un ecosistema desestabilizado resulta más fácil que los insectos que antes estaban en equilibrio con sus enemigos naturales se conviertan en plagas. Las mariquitas, por ejemplo, controlan la aparición del pulgón. Los puntos de agua son importantes fuentes de atracción de animales como libélulas o anfibios, mientras que los árboles atraen a los pájaros.

Si, a pesar de todo, no se consigue evitar la aparición de enfermedades y plagas, se puede recurrir a soluciones naturales para su eliminación. La alcachofera forma parte de una larga lista de plantas útiles que, ya sea en forma de infusión, decocción o maceración, se pueden emplear como insecticidas o insectífugos.

Artichoke, boiled (approx. 3.5 ounces of leaves per 33 ounces of water) and sprayed on fruit trees to fight greenfly.

La alcachofera hervida (unos 100 gramos de hojas por litro de agua) y pulverizada sobre los árboles frutales combate los pulgones.

## Trees in the garden

## Árboles en el jardín

It is now well known that trees play an important role in the environment since they process carbon dioxide and generate oxygen. Although planting just one tree does not counterbalance the carbon footprint of one home, it is a small grain of sand in the fight against climate change. Moreover, planting trees and shrubs in your garden not only leads to savings in heating and air conditioning, it also increases the value of your property. A house with a garden replete with trees and shrubs is always more attractive than a treeless one.

Es ya ampliamente conocido que los árboles ejercen una importantísima función en el medio natural al absorber dióxido de carbono y emitir oxígeno. Aunque plantar un solo árbol no compensa las emisiones de carbono de un hogar, sí representa nuestro grano de arena en la lucha contra el cambio climático. Plantar árboles o arbustos en las zonas indicadas no solo conlleva ahorros en climatización, sino que incrementa el valor de la propiedad. Una vivienda en cuyo jardín hay árboles o arbustos siempre es más atractiva que otra carente de verdor.

#### How vegetation can be a good ally of the home
1. In winter: In the coldest face, vegetation, whether trees or shrubs, helps to protect the building from the wind.
2. In winter: If the trees in areas with more hours of direct sun are deciduous, the sun's rays reach the dwelling, heating it.
3. In summer: The evergreen trees located to the coldest face help cool the atmosphere by means of the process of evapotranspiration.
4. In summer: If trees are planted in the façades with more sun exposure, these provide welcome shade by preventing unwanted surplus heat.

#### La vegetación puede ser una buena aliada de la vivienda
1. En invierno: en la cara más fría, la vegetación, ya sean árboles o arbustos, ayuda a proteger el edificio del viento.
2. En invierno: si los árboles de las zonas de mayor insolación son de hoja caduca, los rayos del sol llegan hasta la vivienda y la calientan.
3. En verano: los árboles de hoja perenne ubicados en la fachada más sombría ayudan a refrescar el ambiente gracias al proceso de evapotranspiración.
4. En verano: los árboles plantados en las fachadas que reciben más horas de sol proporcionan una agradable sombra y evitan sobrecalentamientos.

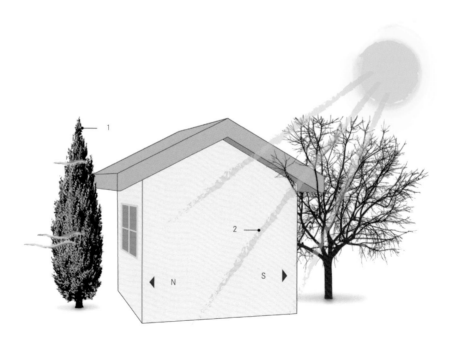

Trees and shrubs can also be a dwelling's allies: deciduous plants placed in the side facing the sun provide shade in the summer, while, in winter, they let the sun's rays penetrate. On the other hand, evergreen trees and shrubs planted in the shady side protect from the wind in winter, helping to keep the home cool during the summer.

Los árboles y arbustos pueden ser unos buenos aliados para la vivienda. Los de hoja caduca ubicados en la fachada de mayor insolación proporcionan sombra en verano, mientras que en invierno dejan pasar los rayos del sol. En cambio, los arbustos o árboles de hoja perenne ubicados en la cara de sombra protegen del viento en invierno, y en verano ayudan a refrescar el ambiente del hogar.

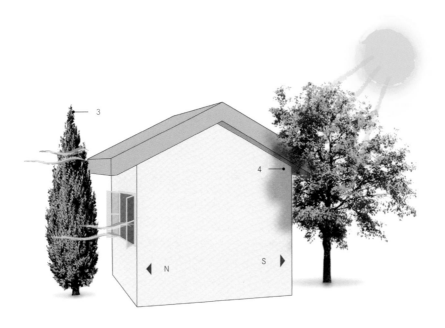

## Alternatives to grass

## Alternativas al césped

Grass needs a lot of water. This is not a problem in areas with high rainfall; however, this is not the case in drier areas. Ten square feet of grass consume 6.6 gallons of water per week. Therefore, a garden with 10,000 square feet can consume almost the equivalent used in a two-person household. In addition, lawns must be mowed regularly. There are many alternatives to grass. One of the most popular alternatives is artificial grass, though this must also be watered in summer because it heats up in the sun.

El césped es un gran consumidor de agua. Esto no supone un problema en zonas con una elevada pluviometría, pero sí en regiones más secas. Un metro cuadrado de césped requiere un riego de 25 litros cada semana, y un jardín con 100 metros cuadrados puede llegar a consumir más de lo equivalente al gasto de un hogar habitado por dos personas. Además, su cuidado precisa de siegas periódicas. Existen diversas alternativas al clásico césped. Una de las más populares es el césped artificial; sin embargo, también debe ser regado porque en verano, con el sol y las elevadas temperaturas, se calienta.

There is actually no need to resort to artificial solutions. Mixed lawns, for example, look similar to real grass yet require less water. On the other hand, the *Zoysia tenuifolia* grass species can be ░░░░░░░░░░░░░░░░░░░░░░░░░░ urable; it needs ░░░░░░░░░░░░░░░░░░░░░░░░░░ th the cold and ░░░░░░░░░░░░░░░░░░░░░░░░░░ cutting once or

No hace falta recurrir a soluciones artificiales. Las praderas mixtas, por ejemplo, son visualmente similares al césped pero requieren menos agua. Por otro lado, la especie *Zoysia tenuifolia* permite caminar sobre ella, ya que es muy resistente, necesita poca agua, aguanta muy bien tanto el frío como las sequías y, además, solo hace falta segarla una o dos veces al año.

It is important to only use grass in areas where it is really going to be appreciated, such as close to a swimming pool, and to use alternatives in other areas, such as near entrances.

Es importante reservar el césped para aquellos lugares en los que realmente se vaya a disfrutar de él, como en los alrededores de una piscina, y buscar alternativas para otras zonas, como la entrada.

Grass needs a lot of watering, particularly in areas with low rainfall, and it must be mowed regularly.

El césped es un gran consumidor de agua, especialmente en zonas de pluviometría escasa, y su cuidado requiere siegas periódicas.

# When and how to water

## Cuándo y cómo regar

Before watering, you need to know whether it is actually necessary. In general, we tend to overwater plants. It is preferable to water plants abundantly yet infrequently to ensure the water filters down to the roots. In summer, the best time to water plants is at sunset to prevent evaporation, and in winter, in the early hours of the morning to stop the water from freezing.

Antes de regar, primero hay que saber si es necesario. En general, se tiende a regar demasiado a menudo. Es preferible hacerlo de forma abundante y muy espaciada para que el agua alcance las raíces. En verano, el momento ideal para el riego es el atardecer, para evitar la evaporación, y en invierno, a primeras horas de la mañana, para evitar que el agua se hiele.

The amount of water needed varies greatly depending on the garden or terrace. Native plants, which are more adapted to local climates, tend to need less water. When designing a garden, it is therefore important to bear in mind its water requirements. It is also a good idea not to overuse impermeable paving because these prevent rainwater from being used.

La cantidad de agua necesaria varía mucho en función del jardín o la terraza. Las plantas autóctonas, más adaptadas al clima de la zona, requieren un menor riego. En este sentido, es importante diseñar el jardín teniendo presente cuáles serán sus necesidades de agua. Asimismo, no hay que abusar de los pavimentos impermeables, que impiden que se pueda aprovechar el agua de lluvia.

Cactuses are typically planted in dry areas and do not consume a lot of water.

Los cactus son plantas típicas de regiones áridas y se caracterizan por ser poco consumidoras de agua.

Just as important as knowing when to water is knowing how to water. Watering by hand with a hosepipe or watering is suitable for small spaces, such as terraces, balconies and courtyards. Sprinkler or irrigation systems are used for large expanses of grass.

Sprinklers are ideal for hedges, trees and bushes since they give each plant the right amount of water. They are one of the most efficient and popular systems as they are user-friendly. However, they tend to be left on for longer than is necessary. To improve their efficiency, it is better to use ones with underground pipes and whose heads sit almost flush in the ground. This way, the water passes less distance through the air and less is lost through evaporation.

Another way to improve the efficiency of automatic sprinklers is installing a sensor that activates the irrigation in accordance with the humidity of the soil, precipitation, frost and wind. Savings of up to 20 % can be achieved this way.

Tan importante es saber cuándo regar como cómo hay que hacerlo. El riego manual con manguera o regadera es adecuado para espacios pequeños, como terrazas, balcones o patios. El riego por aspersión o difusión se utiliza para grandes extensiones de césped. El riego por goteo es ideal para setos, árboles y arbustos, donde cada planta recibe la cantidad adecuada de agua.

El riego por aspersión es uno de los más ineficientes y también uno de los más usados, debido a su comodidad. En general, se suele dejar encendido más tiempo del necesario. Para mejorar su eficiencia, es mejor optar por aquellos cuyos tubos están enterrados y cuyas bocas apenas sobresalen del suelo: el vuelo del agua es menor y se pierde mucha menos por evaporación. Una forma de mejorar la eficacia de los aspersores automáticos es instalar un sensor que active el riego en función de la humedad del suelo, las precipitaciones registradas, la escarcha y el viento. Se consiguen ahorros de hasta un 20%.

The efficiency of the different methods of irrigation (watering can, hosepipe, sprinkler or drip) varies depending on the particular usage.

Los distintos métodos de riego (con regadera, manguera, aspersor o goteo) son más o menos eficaces en función del uso que se haga de ellos.

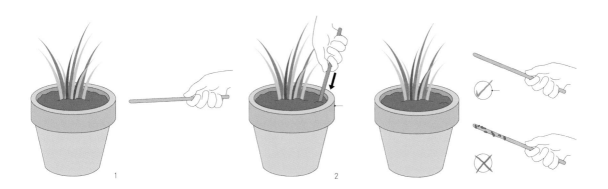

**Tip for finding out if you need to water**
1. Dig a stick into the ground 12 in.
2. If the stick does not have earth on it, the plant needs watering.

**Truco para saber si hay que regar**
1. Clavar un palo en la tierra hasta unos 30 cm de profundidad.
2. Si el palo sale sin restos de tierra es que la planta necesita agua.

# Using rainwater

## Utilizar el agua de lluvia

Since it contains no lime, chlorine or other chemical products, rainwater is perfect for watering your garden. Nevertheless, many homes waste their rainwater and water their gardens with tap water, which is neither ecologically, economically or socially responsible, especially bearing in mind that more than 10 % of the world's population does not have access to clean drinking water.

Al no llevar cal, cloro ni otros productos químicos, el agua de lluvia es ideal para el riego del jardín. Sin embargo, todavía son muchos los hogares que desperdician la lluvia y riegan el jardín con agua potable, todo un derroche ecológico, económico y social, pues hemos de recordar que más del 10% de la población mundial no tiene acceso a agua potable.

There are two main ways to harvest rainwater: the simplest and cheapest consists in a barrel that collects the water from the roof by means of a system of drainpipes and channels. Before reaching the barrel, the water passes through a filter which removes leaf fragments and other impurities. Usually, the barrel is placed in the garden and most have a tap allowing the water to be extracted directly through a hose or into a watering can. Barrels are available in different sizes, from 50 to 265 gallons, and with different finishes.

Existen principalmente dos métodos para recuperar el agua de lluvia. El más sencillo y económico consiste en un bidón que recoge el agua del tejado a través de bajantes y canales. Antes de llegar al bidón, el agua pasa por un pequeño y sencillo filtro, instalado en el bajante, que sirve para eliminar restos de hojas y demás impurezas. El bidón suele estar ubicado en el mismo jardín y la mayoría de los modelos ya llevan incorporado un grifo para que se pueda extraer el agua directamente con una manguera o una regadera. Los bidones pueden ser de distintas capacidades, de 200 a 1.000 litros, y de varios acabados, a gusto del usuario.

Rainwater storage in barrels
Almacenamiento de agua de lluvia en bidones

The other method available to harvest rainwater is more complex, although it is based on the same system. The rainwater is collected from the roof by means of channels and drainpipes; it is filtered and stored in much larger collection tanks, which tend to be underground, thus preventing direct contact with the sun.

The more complex systems are even connected to the house piping system meaning that the rainwater is not only used for watering the garden: it is also used for other domestic usages not requiring drinking water, such as washing clothes and flushing toilets.

The only downside to this solution is that a double piping system is required, one for the drinking water and another for the rainwater. It is also more expensive, although in areas with a high level of rainfall, savings of up to 50 % in water bills can be achieved.

El otro método existente para recuperar el agua de lluvia es más complejo, aunque se basa en el mismo sistema que el anterior. Se recoge el agua de lluvia del tejado a través de bajantes y canales, se filtra y se almacena en depósitos de capacidad muy superior y que suelen estar enterrados, para evitar el contacto con el sol.

Los sistemas más elaborados incluso están integrados con el conjunto de cañerías de la vivienda, de modo que el agua de lluvia no solo se emplea para el riego del jardín, sino también para otros usos domésticos que no requieren de agua potable, como la lavadora o la cisterna del retrete.

El único inconveniente de esta solución es que precisa de una doble red de cañerías: una para el agua potable y otra para el agua de lluvia. Por otro lado, su coste es más elevado, aunque hay que tener en cuenta que en zonas con una pluviometría elevada se pueden conseguir ahorros de hasta el 50% en la factura del agua.

**Rainwater storage in an underground tank**

**Almacenamiento de agua de lluvia en un tanque soterrado**

The water collected by means of drainpipes and channels is filtered and stored in an underground collection tank to be later used in the house or the garden.

El agua recolectada mediante bajantes y canales es filtrada y almacenada en un depósito soterrado para su posterior uso en la vivienda o el jardín.

# Homemade compost

# Compost casero

Every day large quantities of waste are thrown away, and this could be easily reused or recycled at home. This is the case for organic or biodegradable waste, which can be used to make compost. It is mainly kitchen waste (such as leftovers from fruit and vegetables) and from the garden (such as cuttings, earth or dry leaves). However, organic fertilizer decomposes many more things, such as paper and cardboard, teabags, coffee dregs and biodegradable nappies. Homemade compost is a high quality organic fertilizer that is far better than chemical fertilizers, which are more aggressive for the environment and harmful to health.

Cada día se tira al cubo de la basura una gran cantidad de desperdicios que se pueden reaprovechar o reciclar en casa fácilmente. Este es el caso de los residuos orgánicos o biodegradables, que pueden utilizarse para hacer compost. Se trata de sobras de la cocina (restos de fruta y verdura) y del jardín (restos de poda, tierra u hojas secas). Sin embargo, el abono orgánico descompone muchas más cosas como el papel y el cartón, las bolsas de té y los posos de café o los pañales biodegradables. El compost casero es un abono orgánico de gran calidad, que no tiene nada que envidiar a los fertilizantes químicos, más agresivos con el medio ambiente y perjudiciales para la salud.

Making homemade compost is not complicated. There are composters on the market that are affordable and very easy to use. In large gardens, they can be used in a shaded corner. In this case, you just have to remember to stir it around at least once at month.

Hacer compost casero no es complicado. En el mercado hay compostadoras a precios económicos y muy fáciles de usar. Para los jardines de grandes dimensiones, se puede utilizar un rincón sombreado. Solo hay que acordarse de removerlo como mínimo una vez al mes.

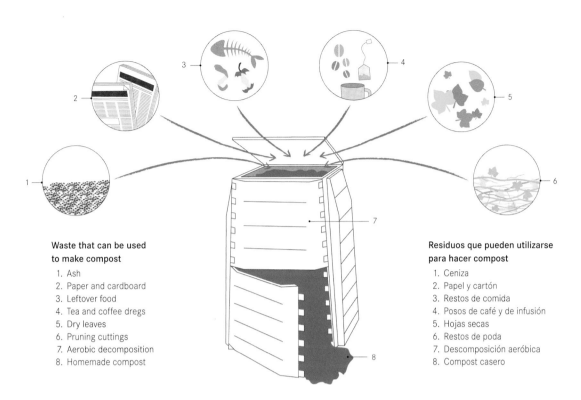

**Waste that can be used to make compost**

1. Ash
2. Paper and cardboard
3. Leftover food
4. Tea and coffee dregs
5. Dry leaves
6. Pruning cuttings
7. Aerobic decomposition
8. Homemade compost

**Residuos que pueden utilizarse para hacer compost**

1. Ceniza
2. Papel y cartón
3. Restos de comida
4. Posos de café y de infusión
5. Hojas secas
6. Restos de poda
7. Descomposición aeróbica
8. Compost casero

The German company Graf sells composters such as the 70-gallon Eco Composter, with a wide opening for easy filling and a removable cover. It is made with recycled polyethylene. The compost is removed through the small front door or by lifting the composter.

La empresa alemana Graf comercializa compostadoras como la Eco Composter de 280 L, con una amplia abertura para facilitar el llenado y una cubierta extraíble. Está fabricada con polietileno reciclado. El compost se extrae a través de la trampilla frontal o levantando la compostadora.

# Urban ecological vegetable gardens

# Huertos urbanos ecológicos

Living in a flat in a city is no excuse for not having a small vegetable garden on your balcony. Growing produce, herbs or medicinal plants is a healthy and ecological hobby that is on the rise. It is ecological because it allows us to consume vegetables or plants that have been grown in accordance with environmentally friendly criteria, and it is healthy because of the properties of the products grown, which also tend to be tastier. Urban vegetable gardens also help to minimise waste since food grown in urban gardens is generally not packaged.

Vivir en un piso o en una ciudad no es excusa para no tener un pequeño huerto en el balcón o terraza. El cultivo en ciudad de hortalizas o plantas aromáticas y medicinales es una ecológica y sana afición al alza. Es ecológica porque permite consumir hortalizas o plantas que han podido ser cultivadas con criterios más respetuosos con el medio ambiente, y es sana por las propiedades de los productos obtenidos, que además suelen tener un mejor sabor. También contribuye a reducir la generación de residuos. Todo alimento producido en un huerto urbano es género que no será empaquetado.

**Requirements of an organic urban garden**

1. Plant seeds
2. Substratum
3. Plant pot of around 8 inches
4. Drainage
5. Do not use pesticides, herbicides or chemical fertilisers

**Elementos de un huerto urbano ecológico**

1. Semillas
2. Sustrato
3. Jardinera de unos 20 centímetros
4. Drenaje
5. Sin pesticidas, herbicidas ni fertilizantes químicos

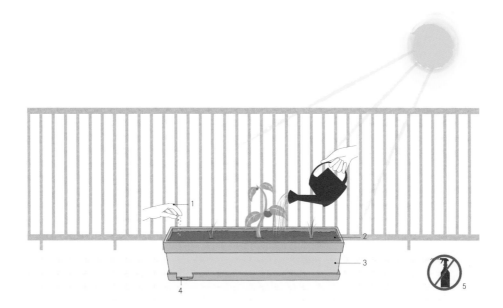

Growing your own food at home is also a way of substantially reducing your carbon footprint. Many foods are transported hundreds of miles from their place of production before they arrive in your kitchen. With products from an urban garden, this distance is reduced to zero, with the resulting savings in energy consumption and carbon dioxide emissions.

Cultivar alimentos en casa es una forma de reducir sustancialmente tu huella de carbono. Muchos productos recorren cientos de quilómetros de distancia desde su lugar de cultivo hasta que llegan a la cocina de casa. Con los productos procedentes de un huerto urbano, la distancia se reduce a cero quilómetros, con el consiguiente ahorro energético y de emisiones de dióxido de carbono.

# How to save water in pools

# Cómo ahorrar agua en las piscinas

Water is a scarce resource that should not be squandered, particularly in the case of home pools, which actually are a luxury requiring large amounts of water. There are products and systems available to minimise energy consumption, but the savings start with the design and construction of the swimming pool.

El agua es un recurso escaso que no debe ser objeto de despilfarro, especialmente en el caso de las piscinas particulares, que no dejan de ser un lujo que requiere grandes cantidades de agua. Existen sistemas y productos para minimizar dicho consumo, pero el ahorro empieza con el diseño y la construcción de la instalación.

Firstly, you must take into account the pool's planned use in order to decide its size and make sure it is not too big. And do not forget the depth; the deeper it is, the more water it will need. The location is also important: it must be protected from the wind in order to minimize loss from evaporation. While in the design and construction stage, it is important to consider installing a double perimeter channel, or overflow channel, which helps to reduce usage losses from splashing.
Once built, the pool should be checked for leaks. One drop per second can lead to losses of over 2,100 gallons per year.

En primer lugar, hay que tener en cuenta qué uso se le va a dar a la piscina para determinar sus medidas y no sobredimensionarla. No hay que olvidar la profundidad: cuanto mayor sea, más agua va a caber. La ubicación también es importante: un sitio protegido del viento reducirá las pérdidas por evaporación. Aún en la fase de diseño y construcción, es importante contemplar la instalación de un doble canal perimetral (rebosadero) que ayude a reducir las pérdidas por uso (salpicaduras).
Una vez construida, se debe revisar la instalación para detectar posibles fugas. Una gota por segundo puede llegar a representar una pérdida de 8.000 litros al año.

A double perimeter or overflow channel helps reduce water loss from splashing.

El doble canal perimetral o rebosadero contribuye a reducir la pérdida de agua por salpicaduras.

Filling the pool is a major waste of water; therefore, it is only recommended to fill it once. In fact, it is never necessary to drain the pool if the water is maintained in sanitary conditions throughout the year. There are easy, economical hibernation treatments that prevent the proliferation of algae and bacteria that cause water to putrefy.

Covers are a great ally of pools, all year round, not just during the bathing season. They can reduce evaporation losses by up to 70%, and they also prevent freezing in winter and organic matter from entering the pool.

Filters are an essential component of pools. There are low water consumption models and energy efficient pre-filtering systems. You can also install mechanisms to reuse the filter wash water for other uses, storing it in a tank.

Llenar la piscina supone un importante gasto de agua y, por ello, se recomienda hacerlo solo la primera vez. De hecho, no es necesario vaciar nunca la piscina si se mantiene el agua en buenas condiciones higiénicas durante todo el año. Existen tratamientos de hibernación, fáciles y económicos, que evitan la proliferación de algas y bacterias que producen la putrefacción del agua.

Tanto en la temporada de baño como fuera de ella, las cubiertas son unas grandes aliadas de las piscinas. Pueden llegar a reducir las pérdidas por evaporación en un 70% y, además, evitan las heladas en invierno y la entrada de materia orgánica.

Los filtros son un elemento indispensable en este tipo de instalaciones. Existen modelos de bajo consumo de agua y equipos de prefiltraje eficientes. Por otro lado, también se pueden instalar mecanismos para reutilizar el agua del lavado del filtro para otros usos, guardándola en un depósito.

It is advisable to buy low-consumption filtration equipment and energy efficient pre-filtering systems.

Installing a cover is one of the most effective measures to reduce water consumption and for easy maintenance.

Es recomendable comprar equipos de filtraje de bajo consumo de agua y equipos de prefiltraje eficientes.

La instalación de una cubierta es una de las medidas más eficaces para reducir el consumo de agua y para facilitar el mantenimiento.

## Natural pools

## Piscinas naturalizadas

Although having a swimming pool always involves a significant consumption of water, some pools are "greener" than others. This is the case for so-called natural or naturalised pools, which are characterized by reproducing on a small scale the same water purification process that occurs in rivers and lakes, so there is no need to use chemical or artificial products.

Aunque tener una piscina siempre implica un importante consumo de agua, hay unas que son más sostenibles que otras. Es el caso de las conocidas como piscinas naturales o naturalizadas, que se caracterizan por reproducir a pequeña escala el mismo proceso de depuración del agua que se da en los ríos y los lagos naturales. De este modo, no es necesario utilizar productos químicos ni artificiales.

The purification process is simple. The pool is divided into two areas: a bathing area and a water garden, which need not necessarily sit side by side, allowing the former to be placed inside the latter. The water in the bathing area is pumped to the water garden, which should occupy one third of the total space. The regeneration zone comprises a fountain or waterfall (to oxygenate the water), a gravel bed (which prevents the passage of solids), and aquatic plants (the roots of which are responsible for extracting nutrients).

La piscina se divide en dos zonas –la de baño y la del jardín acuático–, que no necesariamente deben estar la una al lado de la otra (lo que permite que la piscina sea de interior). El agua de la zona de baño es bombeada hacia el jardín acuático, que debe ocupar un tercio del espacio total. La zona de regeneración está compuesta por una fuente o un salto de agua (para oxigenar el agua), un lecho de gravas (que evita el paso de sólidos) y plantas acuáticas (las raíces de las cuales se encargan de la extracción de nutrientes).

Bathing in a natural pool is similar to bathing in a pond or a river. Naturally, the water is not as blue as water that has been treated with chlorine, but is healthier and means some animals can inhabit it or drink from it. These are, however, practically the only differences between this type of pools and conventional pools, because the pool project itself can even be the same.

Building a natural pool does not have to be more expensive. Everything depends on the materials you use and the finish you want. However, all other things being equal, natural pools usually cost 25 % more, which is the cost of building the water garden annexe. On the other hand, natural pool maintenance is cheaper because you do not need to purchase chemical products. The only aspect to consider is that the water garden requires some care, which is very similar to that in any garden.

Sumergirse en una piscina natural es parecido a hacerlo en un estanque o en un río. Como es obvio, el agua no tiene un color tan azul como la que está tratada con cloro, pero es más saludable y permite que vivan y beban de ella ciertos animales. Sin embargo, estas son, prácticamente las únicas diferencias entre esta tipología de piscinas y las convencionales, porque el acabado de obra puede ser el mismo si se desea.

Construir una piscina natural no tiene porque salir más caro. Todo depende de los materiales que se usen y del acabado que se quiera. No obstante, a igualdad de condiciones, suelen valer un 25% más, que es el coste de construir el jardín acuático anexo. Por el contrario, el mantenimiento es más económico porque el propietario se ahorra tener que comprar cloro. El único aspecto que debe tenerse en cuenta es que el jardín acuático requiere de ciertos cuidados, que son muy similares a los de un jardín cualquiera.

**Operation of a naturalized pool**
1. Bathing area
2. Water garden (should take up 1/3 of the total space)
3. The water is pumped from the bathing area to the water garden
4. Fountain
5. Gravel
6. Aquatic vegetation
7. Purified water

**Funcionamiento de una piscina naturalizada**
1. Zona de baño
2. Jardín acuático (debe ocupar 1/3 del total)
3. El agua es bombeada de la zona de baño al jardín acuático
4. Fuente
5. Grava
6. Vegetación acuática
7. Agua depurada

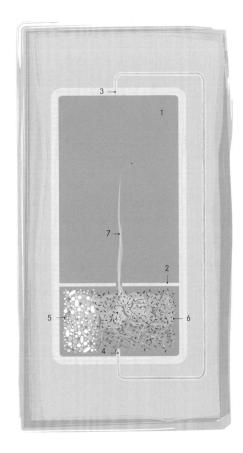

Depending on its finished design, and especially if the water garden is placed in an area away from the bathing area, a natural pool can have the same appearance as a conventional one.

Según su acabado, y especialmente si se implanta el jardín acuático en un espacio alejado de la zona de baño, una piscina natural puede tener el mismo aspecto que una convencional.

Naturalized pools require minimum maintenance in spring and fall. In summer, however, they require weekly maintenance.

Las piscinas naturalizadas requieren de unos cuidados mínimos en primavera y otoño. En verano, sin embargo, necesitan un mantenimiento semanal.

# Accessories for an eco-home

# Complementos del hogar ecológico

Throughout this publication we have been on a fascinating journey of the environmental measures in the design phase of a home, increasing the owner's awareness to refurbish the interior of the home. Next, we list a series of useful home accessories that can be used for various purposes: purifying air for a healthier environment, using photovoltaic solar energy on a small scale, or simply enhancing the use of recycled-content furniture. This all revolves around that great idea that small gestures can have a major impact.

En las páginas anteriores hemos contemplado opciones tecnológicas y recursos más domésticos, soluciones que representan una mayor inversión inicial y otras que solo requieren un cambio en los hábitos de cada uno. A continuación, y sin ánimo de elaborar un listado exhaustivo, enumeramos una serie de complementos del hogar útiles para diversos fines: depurar el aire de la casa para obtener un ambiente más saludable, aprovechar la energía solar fotovoltaica a pequeña escala, o simplemente potenciar el uso de mobiliario y complementos con contenido reciclado. Todo ello justificado en torno a esa gran idea de considerar que los pequeños gestos son poderosos.

**Plants** around the home, except in the bedroom, are recommended for purifying the air and attenuating noise. The *Live within the system* by Greenmeme is designed with a CAD programme and includes plants, drip irrigation, cultivation substrate and lighting points.

La presencia de **plantas** en todas las partes de la vivienda, excepto en el dormitorio, siempre es aconsejable porque depuran el aire y atenúan el ruido. El sistema *Live within skin* de Greenmeme está diseñado con un programa CAD e incorpora plantas, sistema de riego por goteo, sustrato de cultivo y puntos de iluminación.

**Saving water** in many parts of the globe is priority. This device was invented by the Australian Ian Alexander in a country in which this element is a precious commodity. It collects the water when we wash dishes or wash vegetables and fruit. Depending on how soiled the water is, it can be used to water plants, or to pour into the toilet after use, or for grooming pets. Its shape is particularly suitable for the kitchen sink.

El **ahorro de agua** en muchos puntos del planeta es prioritario. Este artefacto, inventado por el australiano Ian Alexander en un país en el cual este elemento es un bien preciado, sirve para recoger el agua cuando fregamos los platos o lavamos las verduras y la fruta. En función de lo sucia que esté el agua, se puede utilizar para regar las plantas del jardín, o bien para verter en el inodoro tras su uso, o para asear a los animales de compañía. Su forma está especialmente indicada para adaptarse al fregadero de la cocina.

*Andrea* is a **natural air freshener** designed by Mathieu Lehanneur and David Edwards, who were inspired by the NASA experiments carried out in the eighties. The purification process is carried out through the leaves and roots of the plant that is inside the device. The best species to use are *Spathiphyllum*, *Dracaena marginata*, *Chlorophytum comosum* and *Aloe vera*. This new device will answer the question of whether or not it would be better to have the plant directly, rather than producing a new product for this purpose.

*Andrea* es un **ambientador natural** diseñado por Mathieu Lehanneur y David Edwards, que se inspiraron en los experimentos de la NASA realizados en los años ochenta. El proceso de depuración se realiza mediante las hojas y las raíces de la planta que hay en el interior del dispositivo. Las especies con las que mejor funciona son el *Spathiphyllum*, la *Dracaena marginata*, el *Chlorophytum comosum* y el *Aloe vera*. El uso de este novedoso aparato responderá a la pregunta de si no sería mejor disponer de la planta directamente en lugar de producir un producto nuevo para conseguir este efecto.

Lasentiu manufactures the Zig-Zag **bottle rack**. Their dimensions are 22 x 12.4 x 3 inches, and it is made of Syntrewood, a plastic material made from the domestic packaging. It is water-repellent and contains no glues or adhesives. The basic unit formed by four V-shaped cavities can be stacked one on top of the other or they can be fitted horizontally.

Lasentiu comercializa el **botellero** Zig-Zag. Presenta unas dimensiones de 56 x 31,5 x 7,5 cm, y está elaborado con Syntrewood, un material de plástico procedente de la recogida doméstica de envases y embalajes, de características hidrófugas y que no contiene ni colas ni adhesivos. La unidad básica, formada por cuatro concavidades en forma de V, es autoapilable y se puede acoplar también en sentido horizontal.

The **electricity controller** calculates kWh of electricity consumed by household appliances. It has a display and a socket where you connect the appliance. Its price is around 25 euros.

El **controlador de electricidad** calcula los kWh que consumen los electrodomésticos del hogar. Dispone de un display y de un enchufe donde conectar el electrodoméstico en cuestión. Su precio, según el distribuidor, ronda los 25 euros.

Before applying measures to reduce energy consumption, it would be useful to be aware of the total energy consumption of the home and, in particular, of each appliance. The **wireless electricity monitor** TED 5000, by Energy Inc, incorporates a sensor that is installed in the home's breaker panel and transmits data to a remote display, allowing homeowners to see in realtime the monthly, average daily, and projected kWh usage, as well as the actual cost based on any number of different rate structures, such as flat, tiered, seasonal or time-of-use. The data is also transmitted to your home computer, where it can be viewed using the TED footprints software. In addition, the data can be viewed via the Internet or any mobile device, and is compatible with Google PowerMeter. The TED 5000 comes in a variety of display and purchasing packages, and the cost can range from 145 to 412 euros, depending on the number of electrical panels that are being monitored, and the number of remote display units.

Antes de aplicar medidas para la reducción del consumo energético, será ilustrativo conocer el consumo total que hacemos en casa y el de cada electrodoméstico en particular. El **contador de electricidad** TED 5000 de Energy Inc incorpora un sensor que se acopla al cable de fase del cuadro eléctrico de la casa y transmite los datos a una pantalla remota, permitiendo a los propietarios ver el consumo estimado de kWh diario, mensual o en tiempo real y el coste económico que representa. Los datos también se pueden transmitir a un ordenador personal mediante el *software* de TED, y consultar vía internet o telefonía móvil. Este dispositivo es compatible con el programa Google Power Meter, un programa de información de consumo para el ahorro energético. Según la sofisticación del modelo, el precio de este contador de electricidad está entre los 165 y los 412 euros.

**Power strips with a switch** are useful to prevent energy consumption of electronic devices in standby mode, which can represent almost 20 % of the total home energy consumption. Although for the idle, there will always be a better option. The Belkin Conserve Energy-Saving Surge Protector is remote-control operated, so with a simple button it can completely turn off all electronic equipment connected to one power point. Its price is around 40 euros.

Las **regletas con interruptor** son muy útiles para evitar el consumo de los aparatos electrónicos en *standby*, que representan el 20% del consumo energético total de la vivienda. Aunque para los perezosos siempre habrá una opción mejor. El eliminador de *standby* Conserve Energy-Saving Surge Protector de Belkin se acciona con un mando a distancia cualquiera, por lo que con un solo botón podemos apagar completamente todos los aparatos eléctricos y electrónicos que estén conectados a una misma toma de corriente. El precio medio de este instrumento es de 40 euros.

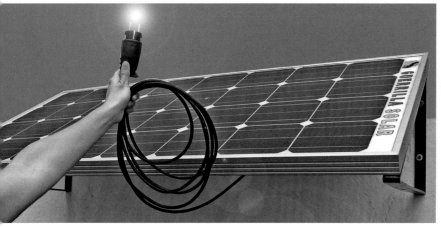

Fundació Terra, through its campaign "Guerrilla Solar", markets the Photonic Kit GS 120. This **solar appliance** injects renewable electricity from any socket in the house. It consists of a 120-watt peak power photovoltaic module and a 125-watt inverter connected to the grid, which can generate about 144 kWh of clean electricity annually. This kit can be self-installed and it only works if there is an electrical network. The kit disconnects when the power goes out, as would a conventional consumer appliance, not to create an island effect. It should be positioned facing the sun.

The kit is designed to self-consume the electricity generated and save electricity and $CO_2$ emissions. Ideal for terraces (see specific town planning regulations) or private gardens. The price of the kit is 800 euros.

La Fundación Tierra, desde su campaña «Guerrilla Solar», comercializa el kit fotónico GS 120. Este **electrodoméstico solar** permite inyectar electricidad renovable desde cualquier enchufe de la vivienda. Se compone de un módulo fotovoltaico de 120 vatios de potencia pico y un inversor de conexión a red de 125 vatios que permiten generar cerca de 144 kWh de electricidad limpia al año. Este kit es autoinstalable, solo funciona si hay red eléctrica y se desconecta cuando se va la electricidad, como lo haría un electrodoméstico de consumo convencional, para no crear efecto isla. Debe colocarse en un lugar orientado al sol.

El artilugio está pensado para autoconsumir la energía eléctrica generada y ahorrar en electricidad y emisiones de $CO_2$. Es ideal para terrazas (consultar la normativa urbanística según cada caso) o jardines privados. El precio del kit es de 805 euros.

Sunny Flower, designed by Fandi Meng, is a **solar charger**. It works like a flower, the petals open, absorbing the sun's rays. If you achieve the correct orientation, it can stick to glass. It allows you to charge a mobile phone or MP3 player.

Sunny Flower, diseñado por Fandi Meng, es un **cargador solar** para teléfonos móviles o reproductores de MP3. Funciona como una flor, abriendo los pétalos y absorbiendo los rayos de sol, y puede pegarse a un cristal para conseguir una orientación óptima.

HYmini is a **wind charger** for mobile phones, MP3 players (depending on model), batteries (if you have a USB adapter) and PDAs. The device has a USB port with various connectors that can charge electronic devices up to 5 V. The charger, which weighs 3.17 ounces, is designed for use while cycling or running, however it can also be installed on the terrace or balcony (the atmosphere must be dry and a wind speed over 15 km/h). A photovoltaic solar minipanel can be added to the device.

Hymini es un **cargador eólico** para teléfonos móviles, reproductores de MP3 (según el modelo), pilas (si se dispone del adaptador USB) y agendas PDA. Este aparato tiene un puerto USB con varios conectores que permiten la recarga de dispositivos electrónicos de máximo 5 V. Puede ir acompañado de un minipanel solar fotovoltaico. Este cargador, que pesa 90 g, está pensado para que se use mientras se va en bicicleta o corriendo, aunque también puede instalarse en la terraza o en el balcón (hay que asegurar un ambiente seco y viento a partir de 15 km/h).

Based on popular belief, the use of a **solar cooker** seems restricted to countries in Africa or Latin America. In the West, because of activism or for those who have a house with the correct solar latitudes, it is highly recommended because they do not pollute or emit fumes. In developing countries its use prevents deforestation as wood is not used for cooking. These cookers work by concentrating the heat that the aluminum surfaces reflect. This heat is distributed around the cooking pot (which should be black to better absorb the heat) and cooks all types of food.

The company alSol markets the model alSol 1.4. It generates heat energy similar to that of a 600 W electric hob. Two people can set up the alSol 1.4 cooker in less than two hours. Ideally it is installed in the balcony or in the garden. Its expected useful life is 20-30 years. It weighs 22 lbs and its dimensions are 41 x 16x 1.9 inches.

Examples of cooking times: coffee for 6 people, 10 minutes; 11 pounds of oven roasted potatoes, 60 minutes; a sponge cake, 45 minutes; and a paella for 10 people, 90 minutes.

En el imaginario colectivo, el uso de una **cocina solar** parece restringido a países de África o Latinoamérica. En Occidente, ya sea por activismo o bien para aquellos que posean una casa en latitudes con suficiente radiación solar, su uso es muy recomendable porque no contaminan ni emiten humos. En los países en desarrollo, su uso previene la deforestación, ya que no se necesita madera para cocinar. Estas cocinas funcionan concentrando el calor que reflejan las superficies de aluminio. El calor se reparte por todo el recipiente culinario (que debe ser de color negro para una mejor absorción calórica) y permite la cocción de todo tipo de alimentos.

La empresa alSol comercializa el modelo alSol 1.4, con un precio aproximado de 265 euros. Genera una energía calorífica similar a la de una vitrocerámica de 600 W. La cocina alSol 1.4 se monta en menos de dos horas con la ayuda de dos personas, aunque lo ideal sería dejarla siempre instalada en el balcón o en el jardín. Su vida útil estimada es de más de 20 años, su peso es de 10 kg y sus dimensiones, 105 x 40 x 5 cm.

Algunos ejemplos de tiempos de cocción: una cafetera para 6 personas, 10 minutos; 5 kg de patatas asadas, 60 minutos; un bizcocho, 45 minutos, y una paella para 10 personas, 90 minutos.

If we want to buy a rug that respects the environment, the following guidelines should be followed: it should be handmade, made from natural raw materials (wool, silk, cotton, jute, hemp or any recycled material) and with natural dyes that do not contain adhesives which can give off VOCs such as benzene, toluene or formaldehyde. Unfortunately, wool carpets usually contain mothballs. We recommend that you periodically clean the carpet to avoid allergic reactions, breathing problems and the appearance of mold and mites. Every three to five years it should be hand-washed by a professional.

Si queremos comprar una alfombra respetuosa con el medio ambiente, nos servirán las siguientes pautas: debería ser artesanal, de materias primas naturales (lana, seda, algodón, yute, cáñamo o algún material reciclado) y con tintes naturales; no deben contener colas adhesivas que puedan desprender compuestos volátiles tóxicos, como el benceno, el tolueno o el formaldehído. Por desgracia, las alfombras de lana suelen contener plaguicidas antipolillas. Es recomendable lavar periódicamente la alfombra para evitar reacciones alérgicas, problemas respiratorios y la aparición de mohos y ácaros. Cada tres o cinco años debería ser lavada a mano por un profesional.

The Ambara Long (long hair) and Ambara Short (short hair) collection by Francisco Cumella consists of 78 x 118-inch hand-made rugs made from strong, durable cannabis hemp fiber. The dye is natural and they cost between 825 euros and 1,200 euros, tax not included.

La colección Ambara Long (pelo largo) y Ambara Short (pelo corto) de Francisco Cumellas está formada por alfombras de 200 x 300 cm hechas a mano con fibra de cáñamo, muy resistente y duradera. El tintado es natural y cuestan entre 825 y 1.200 euros.

The Havanna collection by Francisco Cumellas offers natural jute rugs, which have been hand-knotted forming rustic style twists with vegetable dyes in red, black, brown and white. They measure 66 x 94 inches and cost 550 euros, tax not included.

La colección Havanna de Francisco Cumellas ofrece alfombras naturales de yute, anudadas a mano formando un trenzado de estilo rústico y con tintes vegetales en color rojo, negro, café y blanco. Miden 170 x 240 cm y cuestan 550 euros.

The Barcelona-based company Nanimarquina was founded in 1995 with the main objective of wiping out child labor in the manufacturing of **rugs** in countries like India, Pakistan and Nepal. In this sense, Nanimarquina cooperates with the international organization Care & Fair.
This rug from the Bicicleta collection has emerged from research on the possibility of using recycled rubber to create new textures. The rugs are produced in India with locally-sourced bicycle tubes. They are hand-cut into strips and hand-woven on looms.

La empresa barcelonesa Nanimarquina fue creada en 1995 con el objetivo de erradicar el trabajo infantil en la manufacturación de **alfombras** en países como la India, Pakistán y Nepal. En este sentido, Nanimarquina coopera con la organización internacional Care & Fair.
Esta alfombra de la colección Bicicleta nace de un trabajo de investigación sobre la posibilidad de usar goma reciclada para crear nuevas texturas. Las alfombras se producen en la India con cámaras de bicicleta recogidas localmente. Estas se cortan a mano en tiras y se tejen en telares.

# VILLA NUOTA

Kerimäki, Finland

**Tuomo Siitonen Architects**
© Rauno Träskelin, Mikko Auerniitty

Sustainable materials: certified wood and local sandstone.

Materiales sostenibles: madera certificada y piedra arenisca local.

Respect for the local terrain: the ground plan of the house has been adapted to the orthogonal layout.

Respeto por el terreno: se ha adecuado la planta de la vivienda a la orografía.

## Alpine chalet close to the finnish lakes
## Chalet de montaña junto a los lagos finlandeses

This magnificent retreat was built on the northern tip of the island of Herttuansaari, south east of Kerimäki and between lakes Puruvesi and Saimaa, the largest lake in Finland. The ground is rocky and sparse in vegetation—quite barren. Its main feature is its steeply sloping terrain, covered only by pine trees. Throughout most of the eastern side, the hills drop sharply down to the coastline and the place is a mixture of shrubs and scrubland. To the north, the stones are covered with moss and lichen. The views that can be enjoyed form part of Natura 2000, a network of natural areas protected by the European Union, which also includes parts of Latvia and Spain.

The project entailed designing a holiday home that would only be occupied at certain times of the year by a couple of adults or a small group of friends. The property, moreover, has all the amenities for larger periods of time to be spent there—and even for work purposes.

Albeit due to the natural setting where the house is located or because of an environmental commitment, the architects have used local sandstone and certified timber throughout the entire construction of the house. The use of this type of material significantly reduces the impact on the environment. The timber is controlled by the Finnish Forest Certification Council, a body comprising one of the world's largest wood producers, which ensures sustainable practices are used in harvesting this important resource. The wood used has been subjected to two different treatments, but both are equally respectful of the environment: colorless varnish and black varnish made from vegetable oils.

Este magnífico refugio se ha construido en el extremo norte de la isla de Herttuansaari, al sudeste de Kerimäki y entre los lagos de Puruvesi y Saimaa, el más grande de Finlandia. Se trata de un terreno en fuerte pendiente. En la mayor parte de la zona este, las colinas caen abruptamente hacia la costa y el paraje es una mezcla de arbustos, maleza y plantaciones de pinos. Hacia el norte, las piedras están cubiertas de musgo y líquenes. El paisaje forma parte de Natura 2000, una red de zonas naturales protegidas por la Unión Europea, entre las que se encuentran también áreas de Letonia y de España.

El proyecto consistió en diseñar una casa de recreo para que fuera habitada en algunas épocas del año por una pareja de adultos o por un pequeño grupo de amigos. La residencia cuenta además con todo el confort necesario para pasar temporadas algo más largas e incluso para usarla como vivienda-taller.

Fieles a su compromiso ecológico, los arquitectos han utilizado piedra arenisca local y madera certificada en la estructura, los cerramientos y los acabados de la vivienda. El uso de este tipo de material reduce de forma considerable el impacto ambiental. La madera está controlada por el Consejo de Certificación Forestal finlandés, una entidad constituida por uno de los mayores productores mundiales de madera que garantiza unas prácticas sostenibles de explotación de dicho recurso natural. Con este control de los materiales se favorece el ecosistema y la biodiversidad finlandeses en un país de gran explotación forestal. La madera utilizada ha seguido dos tratamientos distintos respetuosos con el medio ambiente: barnices incoloros y barniz de color negro elaborado a base de aceites vegetales.

As can be seen in the site plan, the house is perched on top of a mountain, near the edge of a cliff. This location, along with the skill of the architects, made it possible to design a house affording views of the lake. The glass walls make it easier to admire the landscape in winter.

Como puede apreciarse en el plano de situación, la casa está situada en la cima de una montaña, cerca de un acantilado. La cristalera mirador de la primera planta, con triple vidrio y rotura de puente térmico, se dispone en voladizo de manera que se potencia la vista del lago desde esa altitud.

Site plan / Plano de situación

Furthermore, the architects decided to respect the terrain where the house was to be erected as much as possible, and thus opted to adapt the ground plan to the site rather than adjusting the nature of the ground itself. To do so, the spaces were fragmented and spread around the site. A patio oriented towards the sun offers some splendid views of the lake.

Los arquitectos decidieron respetar al máximo el terreno donde se iba a asentar la vivienda, por lo que decidieron adaptar la planta al suelo y no modificar el entorno. Cuando se actúa con excavadoras y se modifican las parcelas, se ataca el ecosistema de la zona, con la consiguiente pérdida de especies vegetales y animales y de su hábitat.

The use of certified, natural materials in building the property ensures sustainable construction. For example, the interior of the house was built entirely with local timber. Sandstone, also sourced locally, was used for the outside of the house.

El interior de la casa se ha construido enteramente con madera local y certificada. El uso de piedra arenisca local también evita emisiones de $CO_2$ derivadas de su transporte, se utilizó para el exterior de la casa.

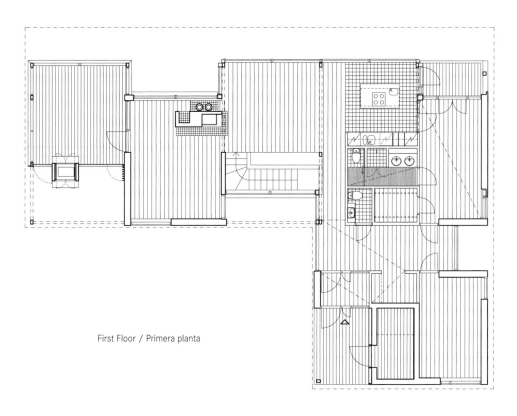

First Floor / Primera planta

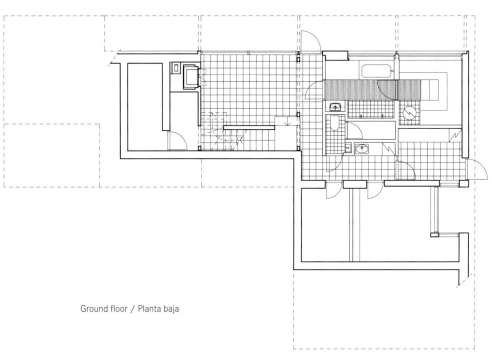

Ground floor / Planta baja

The front and rear elevations show the characteristic features of the façades: on the front façade glass walls facing the lake stand out, which contribute to solar gain depending on the time of year. The rear façade, clad in wood, is not very permeable for the outdoors.

The interior of the house has everything you need to spend long periods of time. The glass façade and cantilevered upper floor promote solar gain. This floor is the most occupied, as it includes a living area, kitchen and dining room in addition to the bedrooms and a lounge. The sauna, an essential element of Finnish homes, is located on the ground floor.

Los alzados anterior y posterior muestran los elementos característicos de las fachadas: en la fachada anterior destacan las paredes acristaladas, orientadas al lago y partícipes de la ganancia solar según la época del año. La fachada posterior, revestida de madera, se muestra poco permeable al exterior.

El interior de la vivienda tiene todas las comodidades necesarias para pasar largas temporadas. La fachada acristalada y en voladizo de la planta superior potencia la ganancia solar. Esta planta es la más concurrida, pues incluye un salón, la cocina y el comedor, además de los dormitorios y un lounge. La sauna, elemento esencial de las viviendas finlandesas, se encuentra en la planta baja.

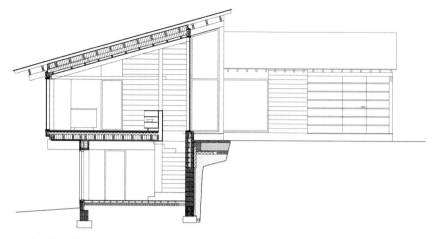

Section / Sección

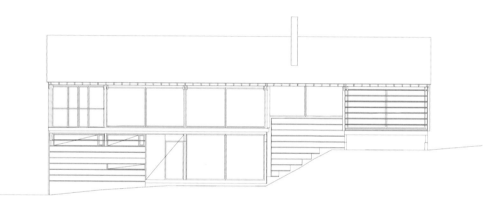

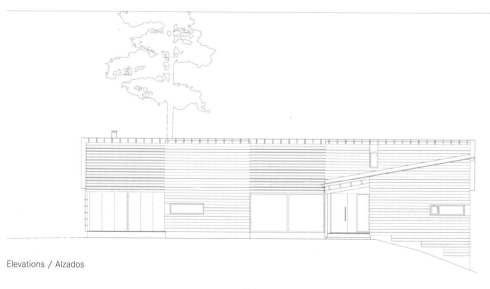

Elevations / Alzados

# CASA NIRAU

Mexico City

Design Architect:
**Paul Cremoux W.**
Structural Engineering:
**Ing. Javier Moreno V.**
MEP Engineering, Sustainability Consultant and vertical garden:
**Ing. José Antonio Lino Mina, DIA.**
General Contractor:
**ARCO Arquitectura Contemporánea and PAUL CREMOUX studio**
Photos:
**PCW.**

All rainwater is picked up by the roof and main terrace.

El agua de lluvia es recolectada por la terraza principal y el techo.

Systems energy savings.
Sistemas de ahorro de agua y energía.

## Energy saving in the whole house
## Ahorro de energía en toda la casa

The project foresees the opportunity to use reinterpretation as a consistent creative tool. By mimicking orientation strategy and a very simple functional diagram, the new construction relinks to the notion of history and accustomed-living behavior patterns. Open space allow direct sun light to enter from the south side, east and west side are offset inner plot, so only north side is at property line. The idea is to transit from a 2,754 sq.ft. Old construction to a 1,937 sq.ft. one, mainly same program, roughly different space quality experience.

All rain water is picked up by the roof and main terrace, then passes thru two main carbon activated filters, and becomes drinking water, so there is almost no water dependency from the grid. By using our performance base design procedure, we envision a maintenance cost of $15USD per month (electricity consumption and natural gas comprised). We worked with Green Building Studio and Sefaira metrics to achieved energy savings and 2030 challenge (yet to be performance proved).

Weather analysis help us to decide various key features: Mexico City climate plays a very important roll, since 70% of the days per year can be used for outdoor living. The main living-dining area can be completely open into the deck terrace making the relatively small indoor space larger. The deck floor transform itself into the façade, this is the patio elevation that mostly will be enjoy at all times.

Esta nueva construcción sienta sus bases compositivas en la reinterpretación de la casa existente hacia un lenguaje contemporáneo que reduce en un 35% las áreas principales. Al mismo tiempo se modifican las proporciones del espacio para lograr una mayor amplitud para sus habitantes. El propósito es mudar al cliente a una construcción más pequeña, mejor planeada y de acuerdo con sus necesidades.

El agua de lluvia es recolectada por la terraza principal *(deck)* y el techo, esta se transporta por gravedad a un sistema de filtrado que finaliza la limpieza con dos filtros de carbón activado, esto permite que toda el agua de la edificación sea potable y la dependencia a la red de agua sea mínima. A través de nuestro diseño basado en el comportamiento de la edificación *(performance based design)* y el análisis de los recursos energéticos, los primeros cálculos arrojan costos de mantenimiento por electricidad y gas, conjuntamente de $220.00 pesos mensuales.

La pequeña casa cuenta con diversos sistemas de ahorro de agua y energía como son "regresos de agua caliente", control de temperatura por masas, aislamiento interior, calentamiento de agua solar, materiales seguros y conductividad térmica.

Green wall. Construction detail
Muro vegetal. Detalle constructivo

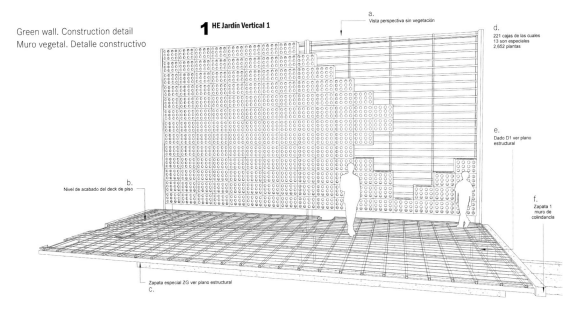

**1** HE Jardín Vertical 1

a. Vista perspectiva sin vegetación

d. 221 cajas de las cuales 13 son especiales 2,652 plantas

e. Dado D1 ver plano estructural

f. Zapata 1 muro de colindancia

b. Nivel de acabado del deck de piso

c. Zapata especial ZG ver plano estructural

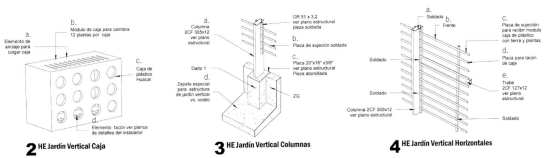

**2** HE Jardín Vertical Caja

a. Elemento de anclaje para colgar caja

b. Módulo de caja para ceimbra 12 plantas por caja

c. Caja de plástico Huacal

d. Elemento tacón ver planos de detalles del instalador

**3** HE Jardín Vertical Columnas

a. Columna 2CF 305x12 ver plano estructural

OR 51 x 3.2 ver plano estructural pieza soldada

b. Placa de sujeción soldada

c. Placa 20"x16" x3/8" ver plano estructural Pieza atornillada

Dado 1

d. Zapata especial para estructura de jardín vertical vs. voleto

ZG

**4** HE Jardín Vertical Horizontales

a. Soldado

b. Frente

c. Placa de sujeción para recibir modulo caja de plástico con tierra y plantas

d. Placa para tacón de caja

e. Trabe 2CF 127x12 ver plano estructural

Soldado

Columna 2CF 305x12 ver plano estructural

Soldado

**1. Vertical garden**
a. Perspective view without vegetation
b. Finishing level of the balcony deck
c. Special ZG shallow foundation
d. 221 boxes of which 13 are special. 2652 plants
e. Dado D1
f. Shallow foundation, 1 adjacent wall
**2. Vertical garden box**
a. Anchoring element to hang the box
b. Box module for centring. 12 plants per box
c. Box of Huacal plastic
d. Heel element
**3. Vertical garden columns**
a. 2CF 305x12 column
b. Welded fastening plate
c. 20"x16" x 3/8" plate. Screwed piece
d. Special shallow foundation for vertical garden structure
**4. Vertical garden horizontal pieces**
a. Welding
b. Front
c. Fastening plate to receive module.
Plastic box with soil and plants
d. Plate for box heel
e. 2CF 127x12 beam

**1. Jardín vertical**
a. Vista perspectiva sin vegetación
b. Nivel de acabado de la cubierta de la terraza
c. Zapata especial ZG
d. 221 cajas de las cuales 13 son especiales. 2652 plantas
e. Dado D1
f. Zapata 1 muro de colindancia
**2. Jardín vertical caja**
a. Elemento de anclaje para colgar caja
b. Módulo de caja para cimbra. 12 plantas por caja
c. Caja de plástico Huacal
d. Elemento tacón
**3. Jardín vertical columnas**
a. Columna 2CF 305x12
b. Placa de sujeción soldada
c. Placa 20"x16" x 3/8". Pieza atornillada
d. Zapata especial para estructura de jardín vertical
**4. Jardín vertical piezas horizontales**
a. Soldado
b. Frente
c. Placa de sujeción para recibir módulo.
Caja de plástico con tierra y plantas
d. Placa para tacón de caja
e. Trabe 2CF 127x12

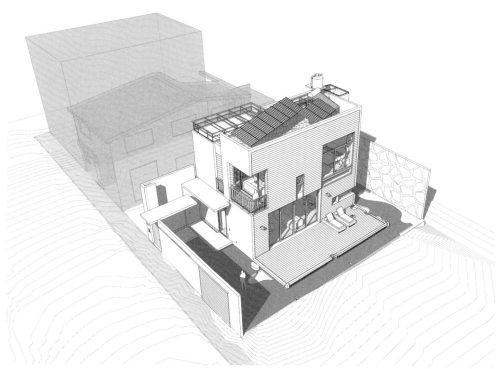

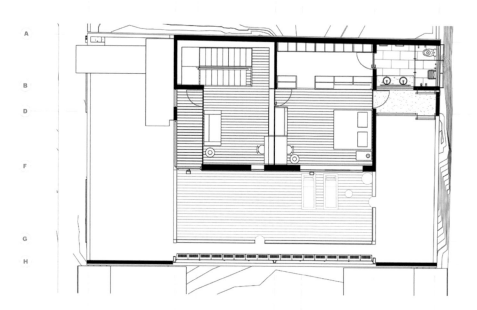

First floor plan / Planta primera

Ground floor plan / Planta baja

# HOUSE IN THE WOODS

Sassari (Sardegna), Italy

Architects:
**Officina29 Architetti**
Project team:
**Stefano Ercolani, Antonio Chessa, Alessandra Caria**
Landscape architecture:
**Vlatka Colić, Kreativni Krajobrazi**
Photos:
**Joao Morgado - Architecture Photography**

The trees also act as a windbreak in winter to help protect the house from cold air.

Los árboles también actúan como barrera contra el viento en invierno para ayudar a proteger la casa del aire frío.

## A suspended orthogonal form of the house fits perfectly into the oak forest
## La forma ortogonal suspendida de la casa encaja en el bosque de robles

The House in the Woods project site was an interesting challenge for the working team, where the strong, powerful presence of oak trees and the sloping terrain imposed the design that blurs the boundary between building and landscape.
A suspended, simple orthogonal form of the house fits perfectly into the oak forest, a striking setting where the majestic trees surround and touch the building with its branches. Each natural element has been respected and not even one tree has been cut down to make room for the house. The reinforced concrete pillars hold the structure, which floats above the ground and native underwood plants, without damaging the root system of the trees.
The vegetation is organized into defined shapes that recall the layout of the wooden walkway which connects the new annex volume with the existing main house. Wooden walkway marks a new path that flows through the trees between the main house and the new volume. It offers a new perspective to those who want to live outer space and becomes a place of rest and reflection, immersed in the tranquility of the forest-garden.
The native underwood plants are preserved and enhanced through interesting and complex vegetation combinations, easy to maintain and suitable for a shady environment.

El proyecto de la Casa en el Bosque fue un interesante reto para el equipo de trabajo, donde la fuerte, poderosa presencia de los robles y el terreno en pendiente impusieron un diseño que difumina los límites entre el edificio y el paisaje.
La forma ortogonal simple, suspendida de la casa encaja perfectamente en el robledal, una escena impactante donde los majestuosos árboles rodean y tocan el edificio son sus ramas. Cada elemento natural ha sido respetado y ni siquiera un solo árbol se ha cortado para hacer sitio a la casa. Los pilares de hormigón reforzado sostienen la estructura que flota sobre el suelo y las plantas nativas de sotobosque, sin dañar el sistema de raíces de los árboles.
La vegetación está organizada en formas definidas que recuerdan la disposición del sendero de madera que conecta el nuevo volumen anexo con la casa principal ya existente. Senderos de madera marcan un nuevo camino que fluye a través de los árboles entre la casa principal y el nuevo volumen. Esto ofrece una nueva perspectiva para aquellos que quieren dejar espacio exterior y se convierte en un lugar de descanso y reflexión, inmerso en la tranquilidad del bosque-jardín.
Las plantas nativas del sotobosque son preservadas y realzadas a través de interesantes y complejas combinaciones de vegetación, fáciles de mantener y adecuadas para el entorno a la sombra.

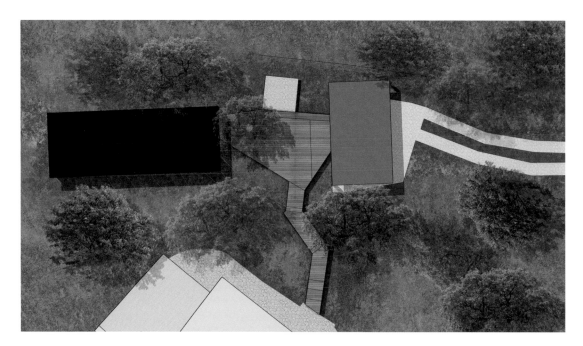

General plan / Planta general

front three

Elevations / Alzados

front one

The air circulation beneath the sospended house structure also provides a better thermal comfort during the hot summer months, while during the winter protects the base of the house from excessive moisture.

La circulación de aire entre la estructura suspendida de la casa también ofrece una mayor comodidad térmica durante los calurosos meses de verano, mientras que en el invierno protege la base de la casa de una humedad excesiva.

front two

Elevations / Alzados

front four

The study of landscape project in this context is basically built around one main idea: the desire to establish a dialogue between the new volume and semi-natural forest surrounding.

El estudio del proyecto paisajístico en este contexto está construido básicamente al-rededor de una idea principal: el deseo de establecer un diálogo entre el nuevo volu-men y la los alrededores semi-naturales del bosque.

Section / Sección

SECTION A-A'

The house surrounded by trees benefits its microclimate effects during all seasons of mediterranean climate which is characterized by long, hot and dry summers and mild, wet winters. In summer, the trees provide a cooling effect with lower air temperature and higher relative air humidity, while in winter the trees canopy that extend over the house act as a thermal insulation cap.

La casa, rodeada de árboles, se beneficia de su efecto micro-climático durante todas las estaciones del clima mediterráneo que se caracteriza por veranos largos, calurosos y secos e inviernos suaves y húmedos. En verano, los árboles proveen un efecto refrescante con temperatura del aire más baja y humedad relativa del aire más alta, mientras que en invierno, las copas de los árboles que se extienden sobre la casa actúan como una cubierta de aislamiento térmico.

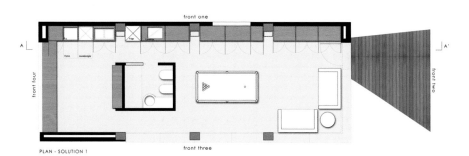

PLAN - SOLUTION 1

front one

front four

front two

front three

Plan (solutions) / Planta (opciones)

PLAN - SOLUTION 2

front one

front four

front two

front three

# JOANOPOLIS HOUSE

Joanopolis, Brazil
**Una Arquitetos**
© Bebete Viégas

Elements for natural insulation: a green roof, gravel in the courtyard, etc.

Elementos para una climatización natural: cubierta vegetal, grava en el patio, etc.

Rainwater collection.

Recolección de aguas pluviales.

## Architectural sensitivity for an environmentally friendly house
## Sensibilidad arquitectónica para una casa ecológica

This property is located on the border between the states of São Paulo and Minas Gerais, more specifically at the foot of the Maniqueira Mountains, at an altitude of about 1000 meters. The house is part of a housing development on the shores of Lake Piracaia. The buildings of this type of residential complex are usually grouped together, spreading out to occupy the maximum amount of space on the site. In this case, however, the structure of the house has been adapted to the slope of the land and a large space has been generated around it, keeping it some distance from all the other houses.

There are three courtyards that link up directly with the areas outside the house, thereby preventing the rooms from being cut off from the surrounding environment. The stone walls protect the house from the wind giving it privacy. At the other end of the house, out in the open, is a small swimming pool, in an area with views of the sea. The green roof represents another ecological strategy for obtaining good insulation in the house, since it ensures an effective thermal inertia in a place where there are significant thermal differences during the day and night. It provides a way of controlling the indoor temperature without the need for air-conditioning.

There is a soaring white tower which seems to emerge from the roof that links up all the infrastructures of the various amenities: kitchen, heaters, piping and the water tank for rainwater collection. Concrete has been used for the structure of the building and the walls and finishes have followed one of the premises of the house design: the savings in cost. The glass façades provide cross ventilation and good lighting in the house. So as not to incur greater expense, the qualities inherent in the materials were respected and unnecessary finishes were avoided.

Esta residencia se encuentra en un extremo de la región situada entre São Paulo y Minas Gerais, más concretamente a los pies de las montañas Mantiqueira, a unos 1.000 metros de altitud. La casa es parte de una urbanización a orillas del lago Piracaia. Las construcciones de este tipo de complejos residenciales suelen ubicarse juntas y ocupar el máximo de espacio dentro de la parcela. Aquí, en cambio, se ha adaptado la estructura de la casa a la pendiente del terreno y se ha generado un gran espacio a su alrededor, lejos del resto de viviendas.

La casa posee tres patios que mantienen una relación directa con los espacios exteriores y evitan que las estancias queden aisladas del entorno. Los muros de piedra los protegen de los vientos y les otorgan privacidad. En el otro extremo de la vivienda, y abierta al exterior, se ha situado una pequeña piscina, en una zona con vistas al mar. La cubierta vegetal es otra de las estrategias ecológicas para conseguir una buena climatización de la casa. Estas cubiertas garantizan la inercia termal efectiva en un lugar donde las diferencias de temperatura son significativas entre el día y la noche. Las plantas actúan como un aislante natural y evitan el efecto chimenea de las cubiertas. Así se controla la temperatura interior sin necesidad de aire acondicionado. En invierno el efecto aislante funciona a la inversa.

Sobre la cubierta se ha instalado un tanque de recogida de agua. Justo debajo del tanque se reúnen las infraestructuras de los servicios: cocina, calentadores, tuberías, etc. De esta manera se centralizan estos elementos, y la construcción y el mantenimiento son más eficientes. Las fachadas de cristal facilitan una ventilación cruzada y una buena iluminación de la vivienda. A fin de no incurrir en mayores gastos, las cualidades inherentes a los materiales fueron respetadas y se evitaron acabados innecesarios.

The site plan shows the distance and the slope from the house to the water. The plans in the next page shows the openings of the house and the back walls that protect the house from the wind. These elements regulate ventilation inside the house.

El plano de situación muestra la distancia y el desnivel desde la casa hasta el agua. Las plantas muestran las aberturas de la casa y los muros posteriores que protegen la casa de los vientos. Estos elementos regulan la ventilación dentro de la vivienda.

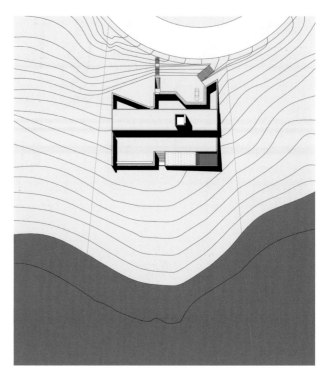

Site plan / Plano de situación

To minimize the impact on the land, the house follows the contours and sloping terrain of the site and its orientation has been designed to take full advantage of the sea views. The green roof and the gravel increase the thermal mass of the house and facilitate a more natural and efficient form of air-conditioning.

Para minimizar el impacto en el terreno, la casa sigue el contorno y la inclinación de la parcela y su orientación está pensada para aprovechar al máximo las vistas al mar. La cubierta vegetal y la grava aumentan la masa térmica de la casa y facilitan una forma más natural y eficiente de aire acondicionado. Para reducir costes se respetaron las cualidades de los materiales y se evitaron los acabados innecesarios.

The gardens have been planted with indigenous vegetation, adapted to the rainfall of the area: peroba rosa, jequitiba, embauba, aroeira, trauma, Brazilian walnut (ipê), grumichava, jacaranda caroba, acacia and jacaranda. Fruit trees were also planted outdoors close to the house: Jabuticaba trees, orange trees, lemon trees, etc.

En los jardines se ha plantado vegetación autóctona, adaptada a la pluviometría de la zona: peroba rosa, jequitibá, embaúba, aroeira, trauma, ipé, grumichama, caroba, acacia, jacarandá y árboles frutales como jabuticabas, naranjos y limoneros. Las especies foráneas pueden tener más necesidad de riego. Además, si son invasivas pueden llegar a provocar la extinción de las especies locales.

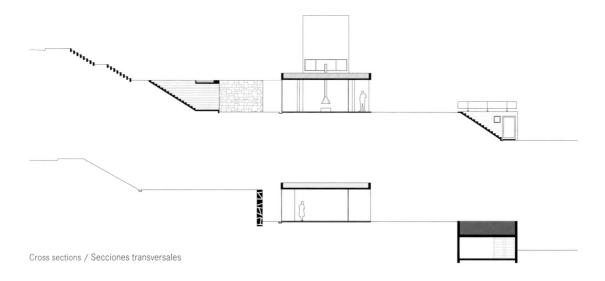

Cross sections / Secciones transversales

The cross sections show the unevenness of the land and indicate different elements of the home: chimney, swimming pool, walls surrounding the back patio, etc.

Las secciones transversales muestran los desniveles del terreno y localizan diferentes elementos de la casa: chimenea, piscina, muros que rodean el patio posterior, etc.

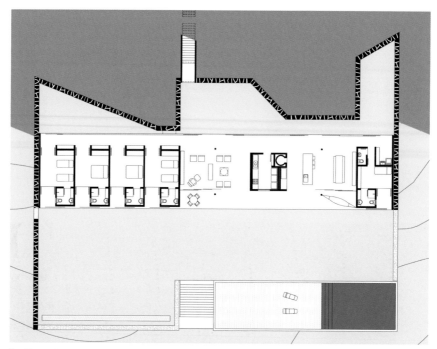

Top Floor / Planta superior

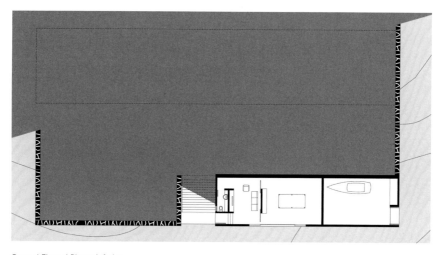

Ground Floor / Planta inferior

Various techniques were used to minimize the impact on the environment. For example, soil excavated from the ground was used to refill other areas wherever it was needed thereby avoiding any excessive shifting of earth. The retaining walls were built with stone collected from the same site and traditional techniques were also employed to erect them.

Las técnicas aplicadas para minimizar el impacto ambiental han sido varias. Por ejemplo, se ha usado la tierra excavada del terreno para rellenar otras zonas donde era necesaria, evitando así un excesivo transporte de tierras. Los muros de contención se han construido con piedra del propio terreno y además se han utilizado técnicas tradicionales para levantarlos.

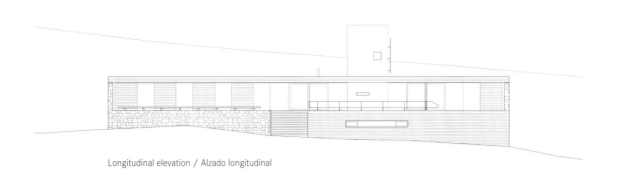

Longitudinal elevation / Alzado longitudinal

On the main façade the glazed surface was shifted to enable the roof overhang to create a porch to protect the interior from the sun. On the rear façade it was not necessary to make the same division since the stone walls shelter the house from the wind. The gravel in the courtyards absorbs the heat during the day, which is then radiated to the interior of the house during the night.

En la fachada principal, la superficie de cristal se ha desplazado para que la cubierta generara un porche que protegiera el interior del sol. En la fachada posterior no ha sido necesaria la misma separación, pues los muros de piedra protegen la casa de los vientos. La grava de los patios absorbe el calor durante el día y lo transmite de noche al interior de la vivienda.

# PASSIVE HOUSE V.W.

Normandy, France

**Franklin Azzi Architecture**
© Franklin Azzi Architecture, Emmanuelle Blanc

Hot water and heating are obtained by means of a combination of hybrid solar and geothermal systems.

El agua caliente y la calefacción se consiguen mediante la combinación de un sistema híbrido solar y geotérmico.

Rainwater harvesting to meet non-potable water needs. A 80-meter-deep well supplies drinking water.

Agua de lluvia aprovechada para cubrir las necesidades de agua no potable. El agua potable se extrae de un pozo a 80 m de profundidad.

## Stunning views from French refuge
## Impresionantes vistas desde un refugio francés

The site located on the hills near Etretat, in the Normandy region of France, benefits from breathtaking views. A ruined former hunting refuge sits on the grounds with a floor area of 18 square meters and an unusable attic space. Due to zoning regulations, new construction is prohibited and expansion of the existing structure is limited.

When the owners approached architect Franklin Azzi, the idea was clear: to build an extension to the maximum allowable. The proposal resulted in the recuperation of the derelict building and the construction of an addition to the north side of the existing building so as to remain invisible from the street and not to alter the original profile. To facilitate construction and avoid any unwanted interior partition, this homogenous addition concentrates all the stormwater drainage system and downpipes. The project also comprises the construction of two wood platforms at the second level extending off the sides of the old brick building that support demountable textile structures. These tent-like structures permit to enclose the spaces on the ground floor with camouflage canvas that blends with the surrounding landscape.

Because of the remote location and hard access to the site, most part of the construction was built in the workshop, then transported and assembled on the site. The framework and the openings are all in wood and had not required any metallic parts. The wood flooring extends beyond the house walls and conceals radiant heat as well as all the water and electric piping. Future plans for the house include the installation of photovoltaic panels on the north side that will make the house self-sufficient. Overall, this simple but enthralling project responds to strict environmental requirements, especially when it comes to collecting rain water, the use of solar and geothermal energy.

La casa se asienta sobre los cimientos de un antiguo refugio de caza en ruinas que contaba con una superficie habitable de 18 m² y un espacio inutilizable en el ático. Las leyes de urbanismo vigentes en la zona prohiben las nuevas construcciones y limitan la expansión de las estructuras existentes.

Los propietarios sabían claramente lo que querían: aumentar la superficie útil al máximo. La propuesta fue la recuperación del edificio abandonado y la construcción de un añadido en la fachada norte para que se mantuviera oculto desde la calle y no alterara así el perfil original. Para facilitar la construcción y evitar separaciones interiores indeseadas, este añadido homogéneo concentra el sistema de recogida de agua de lluvia y bajantes. El proyecto incluye la construcción de dos plataformas de madera en el segundo piso, ampliando así los laterales del antiguo edificio de ladrillo que soporta las estructuras textiles desmontables. Estas estructuras, similares a las de una tienda de campaña, permiten delimitar los espacios de la planta baja con la lona de camuflaje, que se fusiona a la perfección con el paisaje circundante.

Las dificultades de acceso al lugar conllevaron que la mayor parte de la construcción se realizara en un taller cercano para ser transportada y ensamblada posteriormente in situ. Los marcos y vanos son de madera y no incluyen ninguna pieza metálica. El suelo de madera rebasa los muros de la casa y esconde la calefacción radiante y el sistema de tuberías y cableado. Los planes futuros contemplan la instalación de paneles fotovoltaicos con los cuales la casa gozará también de autosuficiencia eléctrica. En general, este proyecto se ciñe estrictamente a los requisitos medioambientales, sobre todo en lo referente a la recogida de agua de lluvia y el uso de energía solar y geotérmica.

Restricted by the local development plan, the expansion of the existing house consists of a two-storey wood-clad gabled volume that adds 6,5 square meters to the existing building and two wood terraces on the second floor, each producing a sheltered area of 17 square meters on the ground floor.

La expansión de la casa actual, restringida por las normativas de urbanismo, consiste en un volumen de dos plantas revestido de madera que añade 6,5 m$^2$ al edificio existente y dos terrazas de madera en el segundo piso, cada una de las cuales crea un área cubierta de 17 m$^2$ en la planta baja.

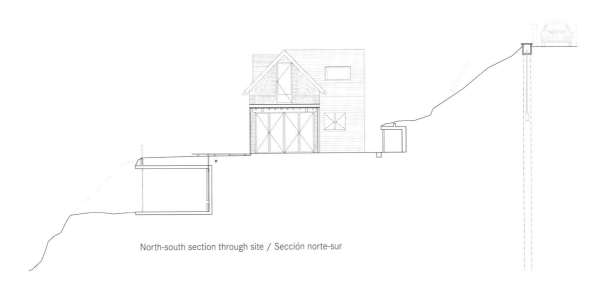

North-south section through site / Sección norte-sur

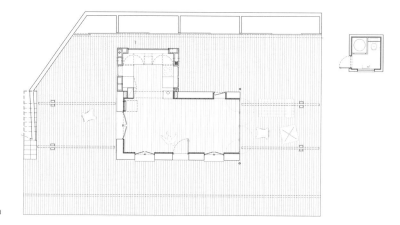

Ground floor plan / Planta baja

The symmetrical camouflage canvas tents provide a playful and temporary solution to expand the floor area without sacrificing comfort. A second phase of the project includes the construction of a concrete bunker buried in the hillside below the house with a fully glazed wall facing south and the views of the valley.

Las lonas de camuflaje simétricas ofrecen una solución temporal divertida para aumentar la superficie de la casa sin sacrificar el confort. La segunda fase del proyecto incluye la construcción de un búnquer de cemento oculto en la falda de la montaña debajo de la casa con la fachada sur de cristal y vistas al valle.

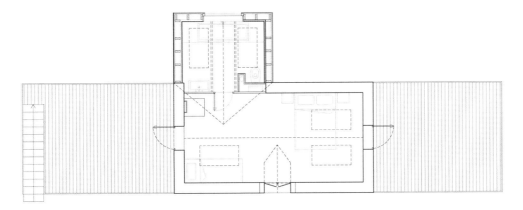

Second floor plan / Segunda planta

To optimise the surface of the liveable space, all equipment such as the boiler, the water pump, the electrical meter and the garden shed are located in a partially buried space dug in the hillside facing the kitchen. East of the house, an existing shed was reused to function as a fully equipped bathroom.

Para optimizar el espacio habitable, todo el equipamiento (caldera, bomba de agua, contador eléctrico, el cobertizo...) se encuentra en un hoyo parcialmente oculto en la ladera la montaña frente a la cocina. La parte este de la casa, que era previamente un cobertizo, se ha convertido en un baño totalmente equipado.

The existing building houses the living room on the ground floor and a large bedroom on the upper floor while the kitchen and the bathroom are stacked in the new wood-clad extension to facilitate the running of water pipes.

El edificio existente alberga la sala de estar en la planta baja y un gran dormitorio en la planta superior, mientras que la cocina y el baño se encuentran apilados en la parte añadida de madera para facilitar la circulación del agua por las tuberías.

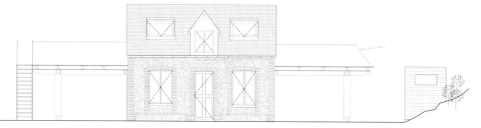

East-west section / Sección este-oeste

Per request of the owners, the house is not connected to the public water supply system and is, therefore, autonomous. This is achieved by means of a 80-meter-deep well. Another network provides the bathrooms with rainwater collected in a 200-liter underground tank.

A petición de los propietarios, la casa no está conectada a la red de suministro público de agua y, por lo tanto, es autónoma en lo que al agua respecta. Esto se ha conseguido con un pozo de 80 metros de profundidad. Paralelamente, otra red suministra a los baños agua de lluvia recogida en un depósito subterráneo de 200 litros.

# THE NEW ECO HOUSE
## STRUCTURE & IDEAS

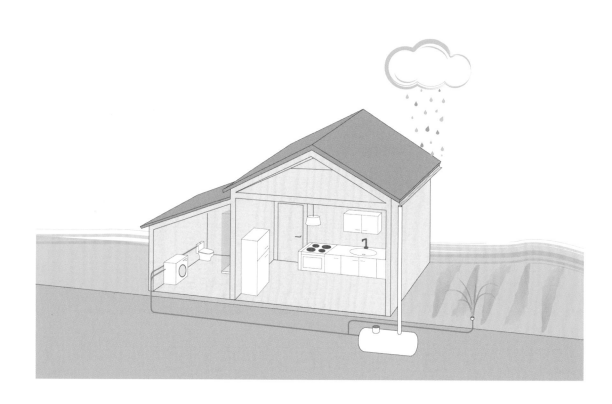